AF358601

MÉMOIRE

POUR

M. LALUYÉ, AVOUÉ,

CONTRE

UNE DÉCISION

Rendue en la Chambre des Avoués, le 18 août 1852.

La décision que je défère à la Cour, se résume et statue ainsi :

« Considérant que, de *l'ensemble des faits appréciés*, il résulte que M⁰ Laluyé a contrevenu d'une ma-
» nière grave aux devoirs de sa profession, méconnu sa dignité personnelle et professionnelle, et pouvait
» compromettre sa responsabilité pécuniaire, spécialement dans l'affaire du baron de C..... — Est
» d'avis qu'il n'y a pas lieu à la suspension ; mais lui faisant application du paragraphe 4 de l'article 8
» de l'arrêté du Gouvernement du 13 frimaire an IX , prononce contre M⁰ Laluyé la peine de l'inter-
» diction de l'entrée de la Chambre pendant trois ans. »

Je suis heureux de constater de suite que ma probité, ma loyauté, ma délicatesse,
ne sont pas même mises en question.

Je me défendrai avec succès , je l'espère, du manque de dignité personnelle
ou professionnelle , et d'oubli des devoirs professionnels.

Je dois dire, d'abord, un mot sur la recevabilité de mon appel, car je sais que la
Chambre des Avoués , qui est toujours dans ces matières juge et partie, a élevé des
doutes sur ce point.

Je soutiens, moi, que cette décision a été rendue contre toutes les règles sur la compétence , et prononce une peine qui n'a pas été demandée, qui ne pouvait pas l'être,

puisque la Chambre spéciale , instituée par l'article 9 de l'arrêté du 13 frimaire an IX, ne peut statuer que par forme d'avis, par *oui* ou par *non*, et au scrutin secret.

Je serai très bref ; la question me semble fort simple.

L'article 9 de l'arrêté du Gouvernement du 13 frimaire an IX, est ainsi conçu :

« Si l'inculpation portée à la Chambre contre un avoué paraît assez grave pour mériter la suspension » de l'avoué inculpé, la Chambre s'adjoint, par la voie du sort, d'autres avoués en nombre égal, plus » un, à celui des membres dont elle est composée ; et ainsi formée, la Chambre émet son opinion sur » la suspension et sa durée, *par forme de simple avis*. Les voix sont recueillies, en ce cas, au scrutin » secret par *oui* ou par *non*. »

Voilà la loi ; la Chambre des Avoués en a elle-même fait l'application dans une sentence qu'elle a rendue sur les conclusions du syndic , le 10 juin 1852 , dans les termes suivants :

« Considérant que l'inculpation dirigée contre M᷎ Laluyé paraît assez grave pour mériter la suspen- » sion ; vu l'article 9 de l'arrêté du Gouvernement du 13 frimaire an IX :

» Arrête qu'il sera adjoint à la Chambre, par la voie du sort, d'autres avoués en nombre égal, plus » un, à celui des membres dont elle est composée, *pour, ainsi formée, émettre son opinion sur la sus-* » *pension et sa durée.* — Fait et arrêté, etc., etc. »

L'assemblée, formée en exécution de la loi et de cette décision, n'avait donc de compétence que pour émettre un avis sur la suspension et sa durée ; elle devait pro-céder au vote ou scrutin secret par *oui* ou par *non*. Au-delà de cette mission, elle cessait d'avoir une existence légale ; elle ne pouvait ni qualifier d'une manière bles-sante les faits reprochés, ni me frapper d'aucune peine.

La connaissance de ces faits était dès lors réservée au pouvoir constitué, ou pou-voir judiciaire.

Il y aurait un danger immense à laisser établir un précédent comme celui que je défère à la Cour, car ce serait enlever aux avoués les garanties que leur assure le con-trôle de la magistrature , et les livrer à toutes les chances que peuvent faire craindre les rivalités professionnelles et les mesquines passions.

La Cour de Cassation elle-même a récemment posé des principes qui, je l'espère, seront adoptés par la Cour de Paris.

L'espèce n'est pas identique, car , dans l'affaire Laurens , la Chambre des Avoués avait statué sans adjonction, et prononcé une peine qu'elle a le droit incontestable d'appliquer en dernier ressort ; mais cet arrêt rétablit les principes en matière de ju-ridiction disciplinaire : il réprime un abus de pouvoir. C'est à ce point de vue seu-lement que je puis l'invoquer.

Je n'ai, moi, qu'à rappeler les règles générales de notre législation.

Dans toutes les questions de compétence, il y a lieu à appel ; cela n'a pas besoin d'être développé longuement.

Et j'ai hâte d'arriver aux faits, car dans des questions de cette nature, le fond du débat est tout.

Si, en effet, l'officier ministériel, dont toute la raison d'être est puisée dans la nécessité de donner comme auxiliaires à la justice des intermédiaires dignes de sa confiance et de sa considération, si cet officier ministériel a démérité, il faut l'exclure sous une forme ou sous une autre. La forme ici ne saurait emporter le fond.

Mais s'il n'a pas démérité, la justice doit le protéger contre des insinuations et des qualifications blessantes pour son caractère, pour sa réputation.

C'est ce que je viens demander à la Cour.

On comprend qu'une accusation de manquement aux devoirs de ma profession, à ma dignité personnelle et professionnelle qui *résulte de* FAITS APPRÉCIÉS, mais non précisés, ne peut se réfuter par de simples raisonnements ; il faut nécessairement que je suive la Chambre des Avoués pas à pas dans l'examen des faits *appréciés*, afin d'en rechercher et la vérité et le véritable caractère. C'est ce que je vais faire.

Ce mode pourra nuire un peu à la rapidité du récit ; mais il aura le mérite de ne pas laisser place au doute dans l'esprit du lecteur.

Après ce travail, je pourrai poser ces questions :

« Est-il vrai que j'ai manqué aux devoirs de ma profession ?

» Est-il vrai que j'ai compromis ma dignité personnelle et professionnelle ?

» Est-il vrai que je pouvais compromettre ma responsabilité pécuniaire ? »

La réponse négative entraîne nécessairement une infirmation de la sentence dont j'ai interjeté appel, puisque la Cour a le droit d'évocation.

La Chambre des Avoués procède d'abord par poser des principes sur l'exercice de la profession d'avoué, j'adopte le plan qu'elle a suivi.

« Considérant que la loi du 15-18 décembre 1790, en abolissant les officiers ministériels, a créé des
» avoués, dont les fonctions, aux termes de l'article 3 de cette loi, sont exclusivement de représenter
» les parties devant les tribunaux ;

» Que les décrets des 29 septembre, 6 octobre, 30 septembre et 19 octobre 1791, et 1ᵉʳ juin 1792,
» déclarent ces fonctions incompatibles avec celles de juges de paix, de notaires, de receveurs de consi-
» gnations et de commissaires de police ;

» Considérant que la législation de cette époque avait pour but de séparer et limiter les pouvoirs
» et de déterminer les attributions de chaque autorité et des officiers publics ou ministériels

» Que les lois précitées ont fait des avoués des intermédiaires nécessaires entre la justice et les justi-
» ciables, et qu'elles ont voulu que ces officiers ministériels remplissent leurs fonctions, avec tout
» le zèle qu'elles attendaient d'eux ;

» Que les avoués supprimés en l'an II, ont été rétablis par la loi du 27 ventôse an VIII ;

» Que si cette loi ne détermine pas d'incompatibilités et ne proscrit nommément aucunes autres
» fonctions ou genres d'occupation, il ne faut pas en inférer qu'il soit permis aux avoués de se livrer
» au genre d'affaires que *leur goût ou l'esprit de gain* peuvent les conduire à embrasser. »

La discussion qui va suivre établira, si j'ai un goût ou un esprit de gain qui puisse
me faire juger défavorablement.

« Que Mandataires légaux des parties, auxiliaires de la justice, ils doivent rester dans les limites de
» leurs attributions :

» Que si en dehors de la postulation et à raison de la connaissance du droit et de la pratique des
» affaires qu'ils ont acquise, ils peuvent être appelés à éclairer les parties par de sages conseils et
» même à les représenter dans certains actes ou opérations, ils ne doivent le faire qu'avec une extrême
» réserve et toujours dans le but de concilier ou de sauvegarder *des intérêts légitimes.* »

Qu'entend-on par une extrême réserve ?

Si l'avoué ou tout autre conseil préparait des actes destinés à protéger des
intérêts illégitimes, ou à engendrer ces difficultés, il ferait plus que manquer à sa
dignité, il manquerait à la probité, à l'honneur.

« Que s'il en était autrement, et si un avoué, au lieu d'agir dans ce cercle, mettait son intelligence
» et sa capacité au service de tous ceux qui les réclameraient, non en présence d'une difficulté née,
» *mais en vue d'une position à créer, d'une opération à organiser, il contreviendrait* à la loi de son
» institution, en joignant à ses fonctions, qui sont déterminées par la loi, une véritable agence
» d'affaires qui aurait pour résultat de le détourner des occupations que la loi lui a créées, d'engager
» sa responsabilité personnelle et de lui enlever la confiance qu'il doit toujours mériter auprès de la
» juridiction à laquelle il est attaché. »

Enfin, voilà les principes posés par la Chambre des Avoués.

Il est vraiment regrettable que des règles aussi précieuses n'aient jamais fait
l'objet d'instructions intérieures dans la compagnie des avoués à la Cour ; car ces
principes ne sont écrits nulle part ; ils sont même, on va le voir, en opposition ma-
nifeste avec la doctrine des auteurs, et la jurisprudence la plus positive et la plus
formelle de la Cour suprême et des Cours d'appel.

Un homme dont la capacité n'est méconnue par personne, qui certes connaît les
lois de l'institution et les traditions, Me Glandaz, enfin, a écrit sur ces matières dans

un ouvrage auquel ont collaboré les plus grands juristes de ce temps, MM. Troplong, Duvergier, Dupin aîné, Vatimesnil, etc., etc.

Voici en quels termes, il s'exprime sur l'étendue des droits de l'avoué :

« Chaque jour la confiance des justiciables a agrandi le cercle des attributions des avoués ; chargés
» de l'instruction des procès, ils ont cherché à les concilier....... Des transactions nombreuses sont
» devenues leur ouvrage. *Admis dans le sein des familles, ils ont été appelés à éclairer de leurs*
» *conseils leurs clients dans tous les actes de la vie civile.* »

Puis il cite les arrêts, que tout le monde connaît, de la Cour de cassation, de la Cour de Paris et autres Cours qui ont jugé dans ce sens.

En effet, cette doctrine est conforme à l'opinion de MM. Pigeau, Chauveau, Favard de Langlade, Thomine, Desmazures, Berryat-Saint-Prix, Cabissot, *Répertoire du journal du Palais.*

L'un des arrêts cités, rapporté au *Journal du Palais,* a donné lieu à un commentaire où l'opinion de Mᵉ Glandaz est encore étendue, s'il se peut.

Voici d'abord l'arrêt :

COUR DE CASSATION, 16 DÉCEMBRE 1818.

« La Cour, après avoir délibéré en la Chambre du conseil ,

» Attendu que .... les avoués peuvent demander la récompense des travaux étrangers à leur
» profession, et de démarches faites à la sollicitation de leurs commettants, parce que, dans ce cas, ils
» agissent non comme avoués, mais comme mandataires *ad negotia* , et que l'équité veut qu'ils puis-
» sent réclamer le dédommagement de leurs soins et de leurs peines. »

..... Plus loin , la Cour, énumérant les travaux spéciaux à l'affaire à elle soumise , ajoute :.....

« Qu'il fallait accorder la juste récompense de l'exercice *de divers mandats* particuliers donnés à
» cet officier ministériel par le demandeur en cassation, *entièrement étrangers à sa profession d'avoué,*
» dont l'accomplissement n'avait donné lieu à aucune poursuite judiciaire, mais qui avait exigé de
» lui beaucoup de *travaux*, de *soins* et de *démarches* dont il était juste qu'il fût indemnisé par son
» commettant. »

Et l'arrêtiste ajoute les réflexions suivantes , qui , certes , méritent aussi d'être rapportées :

« Les fonctions d'avoué ne sont pas exclusives, et peuvent aisément se concilier avec celles de man-
» dataires *ad negotia ;* elles ont même, par leur nature, une sorte de liaison quelquefois nécessaire, ce
» qui arrive lorsque l'avoué est investi de la confiance entière et absolue d'une personne élevée en dignité.

« d'un riche propriétaire absent, qui, trouvant dans un officier ministériel est nable toutes les garan-
» ties qu'il peut désirer, se repose sur lui du soin non seulement de le défendre en justice, mais encore
» de gérer ses affaires et stipuler ses intérêts dans la société: de faire pour lui des acquisitions et des
» ventes ; *c'est ce qui se pratique tous les jours, sans que jamais on ait osé contester* à l'avoué le droit
» de se mêler de ces sortes d'opérations.... »

Plus de vingt arrêts ont confirmé cette sage et équitable jurisprudence.

On a été plus loin, on a contesté l'existence légale des agents d'affaires, prétendant
qu'ils empiétaient sur les attributions des officiers ministériels; mais tout en reconnaissant que ces officiers offraient à la confiance des citoyens de bien plus grandes
garanties , on a jugé que leur privilége *exclusif* se limitait aux actes de leur ministère.

Ai-je besoin , après ces autorités , de discuter la doctrine de la Chambre des
Avoués ?

Evidemment, cela serait présomptueux.

La Chambre des Avoués elle-même, n'a pas plus tôt émis cette doctrine si neuve ,
qu'on la dirait faite pour les besoins de la cause, qu'elle déclare qu'il n'y a pas de
principes absolus.

En effet, elle continue :

« Qu'en l'absence de principes absolus, que la loi ne pouvait pas poser en cette matière, il y a néces-
» sité d'apprécier la nature et la fréquence des actes dans lesquels on rencontre la coopération de l'a-
» voué, le genre de service qu'il paraît rendre, et les circonstances au milieu desquelles son immixtion
» se produit. »

S'il n'y a pas de principes absolus, comment dire que si un avoué mettait sa capacité
et son intelligence au service de tous ceux qui les réclameraient, *non en présence d'une
difficulté née, mais en vue d'une position à créer , d'une opération à organiser*, il contreviendrait à la loi de son institution, et aurait une véritable agence d'affaires ?

Il y a là, ce me semble, quelque chose de difficile à comprendre.

Pourquoi, d'ailleurs, l'avoué refuserait-il ses conseils à tous ceux qui les ré-
clament ?

Quels sont les privilégiés, et quels seront les exclus ?

Pourquoi doit-il attendre qu'une difficulté soit née ?

Faut-il donc attendre le procès, et ne peut-on chercher à le prévenir ?

Ainsi, un client veut fonder une maison de banque , une société industrielle , établir un canal , un chemin de fer , se faire concéder une mine , établir des usi-
nes , etc.,

L'avoué ne pourra l'éclairer s'il en est requis ?

Un client veut faire son testament, une donation, marier sa fille..... Il ne peut consulter son avoué, s'éclairer sur ce qu'il est préférable de faire, — sur le régime qu'il doit adopter pour le mariage, — sur la convenance même de ce mariage ?

Il veut vendre ou acheter un immeuble, faire bâtir, emprunter, son avoué ne peut, sans manquer à ses devoirs, lui donner des conseils, le représenter même ?

Pour soutenir cette thèse avec succès, il faudrait auparavant brûler les arrêts de la Cour de cassation au pied du grand escalier !

« Que la Chambre trouvant les éléments d'appréciation autant dans les instincts du juste, de l'hon-
» nête, et dans la dignité professionnelle, que dans les dispositions de la loi, doit réprimer par des
» mesures disciplinaires, les actes qui ne sont pas d'accord avec ces règles. »

Nous voici arrivés à convenir que pour atteindre disciplinairement l'avoué, à raison des conseils qu'il a donnés, du concours qu'il a prêté, il faut chercher les éléments d'appréciation dans les instincts du juste, de l'honnête, et dans la dignité professionnelle.

Je me range, pour ma part, complètement à cette doctrine.

Je livre ma conduite à toutes les consciences, à toutes les susceptibilités.

Admettons donc, avec la doctrine et les arrêts, que l'avoué a le droit de donner des conseils, pour éclairer ses clients, qu'il peut les assister et les représenter même, dans tous les actes de la vie civile.

Mais que le caractère dont il est revêtu, ainsi que le sentiment de sa dignité professionnelle, lui font un devoir de ne jamais dévier des règles de la probité la plus sévère, de la loyauté et des convenances les plus rigoureuses ; s'il y manque, la discipline peut, doit l'atteindre. Ce n'est qu'à cette condition qu'il peut exercer une profession qui l'appelle à l'honneur de préparer les arrêts de la justice. C'est sur ce terrain qu'il faut se placer.

« Qu'il y a donc lieu d'examiner si Mᵉ Laluyé, soit par le nombre, soit par la nature et le résultat des
» affaires, qui font l'objet du réquisitoire du syndic, s'est écarté des règles auxquelles un avoué doit se
» conformer. »

Examinons....

« Considérant que ces affaires sont au nombre de quatre, et ont *toutes* donné lieu à des plaintes de
» la part des parties qui y sont intéressées ; que l'une d'elles, celle de la dame Guérin, a été suivie
» d'une action judiciaire ; que la seconde et la troisième ont été sur le point d'être portées devant les
» tribunaux, et que les demandes judiciaires n'ont été arrêtées ou suspendues que par les circonstances
» qui seront énoncées et appréciées plus loin. »

Le réquisitoire et après lui la sentence divisent les faits qu'on m'impute en quatre affaires.

Disons tout de suite qu'il n'est pas vrai qu'elles aient toutes donné lieu à des plaintes.

Cela pourrait être, car qui peut répondre qu'il ne sera pas l'objet de récriminations injustes ou méchantes? Mais cela n'est pas, on va le voir.

Il n'est pas vrai que les affaires T..... et de C ..... aient été sur le point d'être portées devant les tribunaux.

Je le nie, car je dois écarter tout de suite toute prévention fâcheuse, — et bien qu'il me faille faire une preuve négative, je la ferai tout-à-l'heure en parlant de ces affaires.

En ce qui concerne l'affaire GUÉRIN :

« Considérant que si la Chambre a déjà été appelée à donner un avis, elle ne l'a fait qu'au point de
« vue des intérêts civils de la partie plaignante, et que l'action disciplinaire n'a été ni épuisée, ni
» abandonnée. »

La Chambre prétend que l'action disciplinaire a été réservée, c'est la première fois que je l'entends dire, et cela m'étonne, car sa sentence se termine ainsi : « *Est d'avis qu'il n'y a pas lieu à plainte.* » Mais qu'importe, je ne veux pas opposer de fin de non recevoir :

Examinons donc l'affaire GUÉRIN.

Et d'abord je dois dire que la dame GUÉRIN n'était pas ma cliente; mon client était M. CHEVALLIER qui, Dieu merci, ne se plaint pas de son avoué.

Mais voici les faits, ils sont fort simples. M. CHEVALLIER, *beau-frère* de Mᵐᵉ GUÉRIN, avait obtenu d'elle le prêt d'une certaine somme ; ceci s'était fait en dehors de moi. C'est un point jugé, comme on le verra tout-à-l'heure.

M. CHEVALLIER, qui est un honnête homme, fut pris d'un scrupule honorable, — il voulut assurer une garantie à sa belle-sœur qui ne la lui demandait pas. Il vint me demander conseil.

Je lui fis observer qu'il ne possédait qu'un immeuble, méritant cette qualification, que déjà cet immeuble était grevé pour une somme considérable relativement à sa valeur. — Mᵐᵉ GUÉRIN m'interrompit pour dire qu'elle ne demandait pas d'autres garanties que la signature de son beau-frère. CHEVALLIER insista, j'émis l'avis tout simple qu'il fallait faire faire une obligation hypothécaire; mais en s'en allant, M. CHEVALLIER raconta que déjà il avait reçu, en obligations romaines, une forte partie du prêt, et que le surplus du prêt ne serait que le produit d'un procès pendant. J'exprimai alors qu'à raison de l'impossibilité de numérer les espèces devant le notaire, à raison du lien de parenté qui unissait les parties, une pareille obligation pourrait bien, dans le cas d'un ordre en justice, être attaquée pour simulation. La dame Guérin, en effet. n'avait guère pour fortune que les sommes qu'elle prêtait et une créance sur un cabinet de lecture qu'elle avait vendu.

On pouvait sans doute ne faire l'obligation que pour les rentes romaines, mais déjà elles étaient remises à M. Chevallier.

Pour le produit du procès pendant, il eût donc fallu faire un transport de la créance.

Si l'on faisait ce transport, n'y avait-il pas danger d'affaiblir la situation de la dame Guérin devant le Tribunal, qui aurait vu dans M. Chevallier un trafiquant de créances.

Si l'on faisait l'obligation pour la somme entière, quelle somme? car le procès n'était pas jugé ; le débat portait sur un compte..... A combien le Tribunal en fixerait-il le reliquat? Ensuite, il fallait dans ce cas faire une contre-lettre.

Je vis là des actes compliqués, des frais considérables peut-être: j'émis l'avis qu'il valait mieux s'arranger de façon à obtenir une hypothèque judiciaire, et créer des billets.

Sans doute, cet avis peut être à son tour l'objet de critiques.

Toute opinion peut être critiquée.

Les arrêts eux-mêmes le sont tous les jours.

En fait, la Chambre des Avoués l'a elle-même trouvé fort bon ce conseil.

Dans la délibération de 1850, elle dit, en parlant de ce qui a été fait :

Que *la marche tracée et suivie avec habileté* dans les circonstances données , était la SEULE *qui pût régulariser la position* QUE LES PARTIES S'ÉTAIENT FAITE *et conférer à la dame Guérin, la garantie qui lui avait été promise.*

Que le mode que j'ai employé avait pour AVANTAGE de lui procurer une hypothèque judiciaire sur les biens de ses débiteurs au lieu d'une hypothèque conventionnelle qui aurait été conférée par un acte notarié, susceptible de critique de la part des tiers à raison de la non numération d'espèces et du lien de parenté qui unit les parties.

Et cette appréciation a pour elle aujourd'hui l'autorité du Tribunal. On le verra plus loin. Mais revenons à la Chambre et à son opinion d'aujourd'hui.

« Considérant que si la marche tracée par Mᵉ Laluyé et les actes par lui accomplis pour conférer » une hypothèque judiciaire à la dame Guérin n'étaient de nature à porter aucun préjudice aux » intérêts de cette dernière, en ce qu'ils n'avaient pas été la cause de la détermination, prise anté-

» rieurement par elle, relativement au prêt dont il s'agit, néanmoins, Mᵉ Laluyé a eu le tort de se
» livrer à des combinaisons et de concourir *personnellement* à des actes qui avaient pour base une
» fiction, compromettante pour le caractère de l'officier ministériel. »

Aujourd'hui la Chambre trouve que *j'ai eu le tort* de me livrer à des combinaisons
et de concourir *personnellement* à des actes qui avaient pour base une fiction compromettante pour le caractère de l'officier ministériel.

J'avoue ne pas bien comprendre ce reproche.

Et d'abord, quel *concours personnel* ?

Où est-il ?

Les billets sont de la main de la femme Guérin, tireur; le jugement a été pris par
le ministère d'un agréé ; le seul bordereau d'inscription a été dressé dans mon étude.
signé d'un clerc.

Où se trouve ma personne dans tout cela ?

On vient de voir à quelles combinaisons on a eu recours, et quelle fiction a été
employée. Comment ces moyens qui, aux yeux de la Chambre des Avoués de 1850,
et du Tribunal en 1852, étaient « *la seule chose* qu'il y eût à faire dans la situation
» que s'étaient faite les parties, et pour conférer à la dame Guérin la garantie qui
» lui avait été promise..... qui avaient pour *avantage* de procurer à la dame Guérin
» une hypothèque, etc , etc., » comment ces moyens peuvent-ils être de nature à
compromettre le caractère de l'officier ministériel !

Voyons, fallait-il conseiller un autre mode ?

Mais, celui employé était le *seul* qui pût « régulariser la position que les parties
» s'étaient faite..... » Il était plus avantageux.....

Que fallait-il donc faire ? et pourquoi refuser un conseil à M. Chevallier, mon
client, me consultant dans un but honnête et loyal ?

Il fallait agir ou s'abstenir.

Si l'on agissait, il fallait faire ce qui a été fait, *c'était la seule chose qu'il y eût à faire
dans la situation que les parties*, etc., etc.,.... la marche tracée, et suivie avec habileté..... ce qu'on a fait, avait pour résultat, pour avantage....., etc.

..... Est-ce que réellement la loi, la morale font à l'avoué une telle situation ?

Assurément non, car ce serait sans raison.

En principe, la loi et la morale conseillent de ne pas mettre la fiction à la place de
la réalité ; la vérité même en fait un devoir ; mais enfin la loi reconnaît aux parties
le droit de prendre tel mode de contrat qui leur convient; elles peuvent employer les

fictions dans les actes ; car il y a tout un chapitre qui traite des contre-lettres. La jurisprudence admet les fidéi-commis qui, certes, sont aussi une fiction, s'il en est.

Tous les jours on prend à l'audience des jugements passés d'accord ; qu'est-ce autre chose que ce qui a été fait ?

Il y a certes mille autres exemples.

Sans doute, si les fictions sont faites dans un but de fraude, un officier ministériel qui les conseillerait manquerait à ses devoirs d'une façon grave, mais sinon, non.

« Que ces actes en présence de la réalité et aux yeux des personnes qui n'étaient pas initiées aux
» secrets et aux détours de l'opération , devaient faire naître les suspicions les plus graves et les plus
» fâcheuses; qu'en effet la dame Guérin qui avait prêté, et les époux Chevallier qui avaient
» emprunté une somme de 8,000 *francs* se trouvaient condamnés solidairement et par corps au paie-
» ment d'une somme de 10,000 *francs*, montant de lettres de change confectionnées dans le cabinet
» de Mᵉ Laluyé, tirées par la dame Guérin sur les époux Chevallier avec supposition de lieu , au profit
» d'un tiers *du choix de Mᵉ Laluyé* qui se trouvait ainsi porteur du jugement de condamnation. »

Cela devait faire naître les suspicions les plus graves et les plus fâcheuses.

Lesquelles ?

Et comment, contre l'avoué dont tout le rôle s'est borné à une conférence ?

« *En effet, les époux Chevallier avaient emprunté une somme de 8,000 francs, etc....*

Ne nous laissons pas aller à la fiction ; restons dans la réalité, dans la vérité.

Il n'est pas exact de dire que M. et Mᵐᵉ Chevallier avaient emprunté 8,000 fr.

Ils empruntaient les rentes romaines et le produit du procès — cela est constant.

Combien cela faisait-il en argent ? Je défie bien qu'on le dise !

Ce n'est que plus tard que les rentes ont été vendues(*V.* le bordereau de l'agent de change), et le procès n'a été jugé qu'en 1850.

C'est le 17 avril 1850, six mois après, que M. Chevallier a touché le produit du procès, ainsi que le prouve la lettre de la femme Guérin à Mᵉ Chéron , son avoué, du 16 avril 1850, pour l'engager à remettre les fonds à M. Chevallier, et le reçu de ce dernier.

Où sont donc les suspicions les plus graves et les plus fâcheuses ? — *Il y avait supposition de lieu.*

Voyons , n'exagérons rien.

La supposition de lieu *n'existe que si elle* se trouve dans des Billets de commerce, destinés à circuler ; alors en effet, cette supposition peut changer la nature du contrat, constituer un contrat de change au lieu d'une simple promesse de payer, c'est ce que la loi ne permet pas ; mais ici , on n'entendait créer que des simples promesses.

Il y avait un tiers-porteur du choix de Mᶜ Laluyé.

Sur ce point, qu'il me soit permis d'invoquer encore l'avis de la Chambre des Avoués en 1850.

Les dates ici d'ailleurs ne sont pas indifférentes.

En 1850, on était plus près des faits.—Ils ressemblaient moins aux bâtons flottants de la fable : voici ce que disait la Chambre :

« Que la marche tracée et suivie avec habileté..... était la seule , etc....., que si une critique pouvait être adressée à ce mode de procéder, ce ne serait pas de la part de la dame Guérin dont les intérêts se trouvaient ainsi protégés, mais de la part des époux Chevallier; que s'ils étaient protégés par les *soins éclairés, la vigilance, la probité de l'avoué , et la loyauté du porteur d'ordre*, ces garanties morales pouvaient leur échapper par la réunion de circonstances fortuites, telles que décès de quelqu'une des parties avant le règlement de l'affaire. »

Il y a loin de cette appréciation à celle de 1852, il faut en convenir.

Alors on voyait des garanties dans les *soins éclairés, la vigilance, la probité de l'avoué, la loyauté du porteur d'ordre.*

Aujourd'hui on n'y voit plus que les suspicions les plus graves et les plus fâcheuses !

Est-ce par hasard qu'un malheur serait survenu, que toutes ces garanties se seraient évanouies depuis 1850, M. Chevallier se serait-il plaint du *tiers-porteur du choix de Mᶜ Laluyé ?*

C'est lui qui va parler : voici une lettre qu'il écrivait à l'avocat de Mᵉ Laluyé lors du procès que lui fit la femme Guérin :

J'ai un souvenir parfaitement récent de ce qui s'est passé lors de la création des billets . . . . . . Ici M. Chevallier entre dans des détails qui confirment pleinement les faits que je viens d'exposer, puis il ajoute : Je pensais qu'il était intéressant que le tiers-porteur me fût connu, c'était une garantie qu'il ne serait fait usage des condamnations à intervenir que jusqu'à concurrence de ce que j'avais reçu et de ce qu'il me serait ultérieurement compté. Après avoir cherché un nom , je rappelai à Mᵉ Laluyé M. Villette auquel j'avais, dans le temps, donné un cautionnement lorsqu'il sollicitait du préfet de police la concession d'une ligne d'omnibus ; je savais que ce monsieur était un parfait honnête homme et qu'il ne pouvait me refuser ce service.

Comme Mᵉ Laluyé voulait bien m'aider de ses conseils dans toutes mes affaires d'intérêt, je le priai de vouloir bien se charger de faire prendre le jugement et l'inscription , et je m'en fus en lui disant que je le tiendrais au courant lorsque j'aurais reçu le complément du prêt , après le procès Villefort.

Est-ce moi qui ai indiqué, choisi M. Villette?

« Que ces titres sont restés entre les mains de Mᵉ Laluyé , sans contre-lettre ni rétrocession de la part du bénéficiaire apparent ;

» Que cette rétrocession n'a été offerte par M⁰ Laluyé que devant la Chambre et lors de l'instruction
» de la plainte. »

Il est inexact de dire que j'ai conservé les titres sans contre-lettre.

Au surplus quand même? m'est-il défendu d'avoir confiance dans un honnête
homme?

Mais là encore la Chambre des Avoués a vu les faits sous un point de vue différent
de celui qui l'avait frappée en 1850.

A cette époque il a été constaté par elle que :

« M. Laluyé avait préparé et remis à Brébion (conseil de la dame Guérin) un acte signé par les époux
» Chevallier, contenant, de la part de ceux-ci, au profit de la dame Guérin, *comme ayant remboursé*
» *Villette et étant subrogé* dans ses droits, acquiescement, etc..... »

Peut-on après cela dire *que la rétrocession* n'a été offerte que........

Mais cela même serait-il vrai?...

Est-ce qu'un avoué est tenu d'aller porter les pièces qui lui sont confiées, ne doit-on
pas les venir demander. Est-on venu chez moi en vain?

C'est en mai, ainsi que l'établissent les lettres de M. Brébion et de la dame Guérin,
que l'acquiescement a été débattu ; — or, la Chambre des Avoués a été saisie de la
plainte le 22 mai. — Quand donc aurais-je pu les offrir ces pièces, à supposer que j'aie
dû le faire?

« Que cette conduite a eu pour résultat une plainte d'abord , une demande judiciaire ensuite ; que
» cette plainte a eu pour base la position toute fictive qui avait été faite aux parties, et la participation
» de M⁰ Laluyé aux actes qui l'avaient ménagée ; qu'une semblable situation est de nature à compro-
» mettre, et compromet au moins en apparence le caractère de l'avoué ; qu'elle l'expose à des attaques
» que l'on fonde *sur de mauvais conseils, si ce n'est sur des causes plus graves.* »

Ma conduite a eu pour résultat.....

Que répondre à un pareil raisonnement?

Si mon caractère n'a été compromis qu'en apparence , n'ai-je donc pas le droit de
jouir du bénéfice de la réalité?

« Que les réflexions qui se trouvent dans la délibération du 13 juin 1850 paraissaient être de nature
» à éclairer M⁰ Laluyé et à le ramener à une plus stricte observance des règles de sa profession d'avoué.
» mais qu'elles ont été impuissantes, et que non seulement M⁰ Laluyé n'a pas cru devoir s'y conformer.
» mais qu'il a déclaré devant la Chambre, et à plusieurs reprises, en présence des réquisitions du syn-
» dic, qu'il persisterait à faire ce que l'inculpation lui reproche. »

J'ai rapporté les principaux passages de cette sentence, qui certes sont exclusifs de l'idée d'un blâme quelconque ; mais puisqu'aujourd'hui, les choses ont tant changé, qu'on y trouve des réflexions impuissantes à me ramener à une plus stricte observance des règles de ma profession, je dois répondre à ce reproche ; le réquisitoire en effet rappelait le paragraphe suivant de cette délibération de 1850 :

« Considérant que s'il peut être regrettable de voir un officier ministériel, agissant en dehors de » l'exercice de ses fonctions, employer des combinaisons de la nature de celles qui ont été suivies, » mettre la fiction à la place de la réalité, et s'exposer ainsi à des critiques et à des plaintes auxquelles » les apparences peuvent donner un crédit momentané, il n'y a cependant aucun reproche à adresser » à Mᵉ Laluyé, au point de vue des intérêts de la dame Guérin ! »

Voilà ce qui aurait dû m'éclairer !!!

Eh bien, et j'en demande pardon à la Chambre, cette lumière qu'elle faisait briller devant mes yeux, aujourd'hui encore je ne la vois pas, mon esprit ne peut comprendre comment il peut être regrettable qu'un officier ministériel conseille la seule chose qu'il y ait *à faire*, dans la situation créée par les parties, — trace une marche *avantageuse*, la suive *avec habileté*, et fasse les choses de façon que les parties soient *protégées par les soins éclairés, la vigilance, la probité de l'avoué et la loyauté du porteur d'ordre!!!*

Et ce regret me paraît d'autant plus extraordinaire, qu'il est établi — que tout cela a été fait dans un but honnête et loyal, celui d'assurer une garantie par le beau-frère à sa belle-sœur, sa créancière confiante; et que — de tout cela n'est sortie aucune conséquence regrettable pour aucun intérêt légitime.

Je n'avais vu dans ce considérant, qu'un regret que je partageais, je disais qu'il était en effet regrettable, pénible, de voir un honnête homme pouvoir être un instant victime de la mauvaise foi et être obligé de se défendre d'une plainte inspirée par les plus mauvaises passions, et *fondée sur des apparences pouvant lui donner un crédit momentané*... et je me consolais en me disant: heureusement il y a des juges à Paris....

—........ J'ai en effet obtenu justice de la demande de la Guérin....... et j'aurai justice de la sentence que je défère à la Cour.

La Chambre des Avoués n'a pas dit le mot de la plainte de la dame Guérin, je veux moi, le dire ici; c'est nécessaire à la complète intelligence de cette affaire.

La dame Guérin voulait rançonner mes clients, M. et Mᵐᵉ Chevallier. — Je n'ai pas voulu m'y prêter. — alors est venue la plainte, comme on va le voir.

L'hypothèque judiciaire était de 10,000 fr., il s'est trouvé de compte fait, qu'elle n'avait versé que 7,000 francs, 3,000 fr. des romaines et 4,000 des procès. —M. Chevallier, il paraît, consentait à reconnaître 8,000 francs; mais cela ne suffisait pas; la femme Guérin voulait un acquiescement pour 10,000 francs, voici qui le prouve: c'est une lettre de M. Brébion, conseil de la dame Guérin, du 12 mai 1850 :

« Madame Guérin ne veut signer l'acquiescement que vous m'avez remis que pour les 10,000 francs
» montant en principal des condamnations obtenues par M. Villette et non pour les 8,000 francs ....
» Je n'ai pu rien faire entendre à madame Guérin, malgré mes explications et mes observations. Une
» explication vive a eu lieu dans mon cabinet, entre les parties, etc. »

Pour achever la démonstration et bien établir quelle avait été mon attitude dans cette affaire, je vais rapporter encore une seule des lettres de la dame Guérin ; elle m'écrivait, 1er mai 1850, quinze jours avant sa plainte :

« Avant de prêter mon argent à mon beau-frère, *je vous avais demandé si vous connaissiez bien l'état*
» *de sa position financière ; vous avez eu la bonté de me répondre que vous craigniez bien qu'il ne soit*
» *dans un grand embarras, attendu qu'il faisait souvent des affaires sans vous consulter. Cependant*
» *mon beau-frère me rassura sur sa position, me fit entrevoir que s'il avait quelques mille francs il se*
» *retirerait des affaires et sa position deviendrait très bonne; devais-je ajouter foi à ses illusions? Mais*
» *affligée de le voir si tourmenté, je lui donnai d'abord 4,000 francs en rentes romaines, sans autre*
» *garantie que sa promesse de me donner une bonne hypothèque....* Ayant réfléchi que la position de
» mon beau-frère n'était pas si bonne qu'il *croyait*, que c'était une seconde hypothèque, je lui refusa
» les 4,000 francs des Villefort. Il vint me trouver à Versailles et me dit que je n'avais rien à craindre
» qu'il était homme d'honneur, etc. Il toucha les quatre mille francs, etc. »

Que pouvait-elle donc me reprocher, cette méchante femme?

Mais j'étais cause que pour 7,000 fr. elle n'en recevait pas dix, elle résolut de se venger, elle a eu recours à l'expédient Bazile, elle l'avoue dans la lettre suivante :

« Je viens vous prévenir que je suis en mesure d'agir contre vous et M⁰ Laluyé; il aura sans nul
» doute assez de ruse et d'audace pour s'en tirer sans payer, *mais il en restera au Tribunal et dans*
» *l'esprit des juges une opinion* PEU FAVORABLE DONT IL NE RIRA PAS. »

Le procès a eu lieu en effet, mais le Tribunal en a fait justice.

Son jugement passera sous les yeux de la Cour, car la femme Guérin, encouragée par la nouvelle décision de la Chambre des Avoués, a interjeté appel.

Voilà, pièces en mains, ce qu'on appelle l'affaire Guérin.

Mon rôle a été fort simple, on le voit, j'ai indiqué à mon client un moyen de donner à sa belle-sœur une garantie hypothécaire qu'elle ne réclamait pas, et cette garantie aura pour conséquence d'assurer à cette femme le paiement de sa créance.

Cette créance ne court aucun danger.

AFFAIRE TERRIEN.

L'affaire Terrien est très simple.

Jamais il n'y a eu de plainte, et à plus forte raison, jamais elle n'a dû être portée devant les tribunaux pour une réclamation quelconque contre moi. Je vais donner des preuves; mais je raconte d'abord les faits.

Monsieur Terrien, mon client, me devait des frais et honoraires. Après la révolution de février, il me remit à-compte des valeurs, savoir : 1° des billets pour une somme de 800 fr.

2° et un billet T··· de 372 fr. qu'il endossa à mon profit.

Ces valeurs qui échéaient en avril et en mai 1848, n'ayant pas été payées, M. Terrien m'adressa la lettre suivante :

« Monsieur, j'ai l'honneur de vous remettre sous ce pli l'acceptation T....., de francs 5,000 au 31
» décembre, en garantie de la somme que je vous dois......; je vous serai obligé de m'en accuser
» réception. »

Cette traite n'était pas endossée; je ne l'avais pas voulu, car M. Terrien ne me devait pas moitié de cette somme, et en la laissant endosser, il eût fallu donner une contre-lettre et être prête-nom, ce qui ne me convenait pas, malgré les circonstances tout exceptionnelles où on se trouvait pour les questions d'argent à cette époque de 1848.

A l'échéance, M. T..... ne paya pas la traite de 372 fr. M. Terrien me demanda de faire poursuivre; il m'écrivit le 12 mai :

« J'ai écrit un mot pour qu'on se présentât chez M. T..... S'il ne payait pas par impossible, *veuillez*
» *le poursuivre rigoureusement.. »*

Devais-je agir suivant cet ordre, moi avoué, en mai 1848, la veille ou le lende main du 15 mai, de funeste mémoire? Je ne l'ai pas pensé.

Le billet fut par moi endossé à un négociant de mes amis, M. Guignault, qui prit jugement. — Mon nom était parmi les endosseurs, on me comprit dans la demande. — Cela était inévitable, à moins de biffer les endos, ce qui n'est pas possible. — Je n'ai pas besoin d'ajouter, que je n'ai été ni ne pouvais être l'objet d'aucunes poursuites.

Au 31 décembre M. T..... ne paya pas davantage la traite de 5,000 francs ; il fallait poursuivre, mais M. Terrien avait quitté la France.

Je me fis autoriser par le Tribunal à encaisser ladite valeur, et à me l'appliquer jusqu'à concurrence du montant de ce qui m'était dû.

M. T..... étant tombé en liquidation judiciaire, je produisis, je fus admis.

Quand vint l'époque du concordat, on faisait racheter des créances, à l'effet, sans doute, de faire une majorité. On osa me faire faire des propositions..... La façon dont je les accueillis engagea à se tourner d'un autre côté.

C'est ici qu'apparaît un personnage dont il faut que je parle enfin ; c'est un agent d'affaires du nom de D..... Cet homme, que M. Terrien accuse hautement d'infidélité, et de plus encore, se couvrait dans le monde du patronage de Me Tartois, avoué à la Cour. Il affectait, comme on le verra, de donner ses rendez-vous chez cet officier ministériel. Il m'écrivit, à moi, dans les pourparlers que je vais rappeler : « Adressez-» moi votre réponse *chez Me Tartois, où je suis de* 1 *heure à* 4 *heures et demie de l'a-» près-midi.* » Il s'était, à ce qu'il paraît, fait remettre des pouvoirs de M. Terrien pour certains détails d'affaires commerciales. Il flaira l'affaire T... et comprit de suite qu'il y avait là quelque chose à faire pour un homme de son espèce ; mais pour cela il lui fallait les titres de M. Terrien, c'est-à-dire les deux valeurs sus-indiquées.

Je n'entendais faire aucune résistance, et M. Terrien ne me donnant pas signe de vie, j'offris au sieur D.... de lui remettre les pièces contre le paiement de ce qui m'était dû ; mais le sieur D....., faisait du zèle ; il critiqua le chiffre de ma réclamation ; on verra si c'était son mandat.

Nous ne pûmes nous mettre d'accord, il me fit des offres que je refusai. — Après divers pourparlers, nous convînmes de prendre la Chambre des Avoués pour arbitre-juge.

La Chambre des Avoués statua, on m'alloua près de mille francs de plus que ne le voulait le sieur D...... — J'exécutai la sentence.

On voit qu'il ne peut être question de plainte contre moi dans cette affaire ; mais, ce n'est pas assez de le dire, voici un document sans réplique qui le prouve à suffire :

« Angers, 11 décembre 1850, (timbre de la poste).

» Monsieur, je n'étais et ne pouvais pas être à Paris quand la faillite T...... nous a forcés à régler » ensemble ; j'en avais chargé un M. D...... *qui en maintes occasions, et en celle-ci a outrepassé mes* » *instructions* je regrette bien de n'avoir pu vous voir alors, car je suis sûr que nous nous serions » vite mis d'accord...... .

Puis M. Terrien me parle d'un procès, dont il voudrait me charger, — il craint que la conduite de M. D...... ne m'ait indisposé, il termine :

« Je ne veux pas vous en charger avant que de savoir s'il vous conviendra de vous en occuper avec » tout le soin que je sais que vous donnez aux affaires de vos clients.   (Signé) : **ACH. TERRIEN.** »

Est-ce là la lettre d'un homme qui se plaint, qui a eu l'intention de se plaindre ? de quoi au surplus aurait-il pu se plaindre?

Qu'est-ce qui dans les faits ci-dessus aurait pu donner lieu à plaintes?

Je sais bien que la sentence articule, que j'avais touché des dividendes à la faillite, et qu'elle insinue que je n'en fis compte qu'avec difficulté ; mais c'est là une erreur que je relèverai par une preuve incontestable.

Je reviens à **M. Terrien.**

Sa lettre était pour moi une satisfaction précieuse, car j'avais dit au sieur D.... . : « Je n'ai jamais eu avec aucun de mes clients de difficultés pour le réglement de mes » honoraires, montrez-moi une lettre de M. Terrien qui justifie vos critiques, et » je n'insiste pas. » Mais D..... se retranchait derrière le cessionnaire qu'il avait inventé. — J'étais donc certain que la difficulté ne venait pas de M. Terrien, — j'étais certain également, que c'était sans son consentement que M⁰ Tartois chez qui était le sieur D...... se trouvait chargé au nom de M. Terrien de deux instances devant la Cour. Or, cette lettre me donnait complète justification à cet égard.

On voit en effet que M. Terrien désavoue D...... et qu'il entend et désire rester mon client. Aujourd'hui, on me fait un grief de cette affaire, et M⁰ Tartois lui-même n'a pas craint d'écrire à mon client la lettre suivante :

« MONSIEUR, la Chambre des Avoués a eu des explications à demander au point de vue discipli- » naire à M⁰ Laluyé sur les affaires qu'il avait traitées pour la vente de la co-direction de l'Européenne; » je vous serais obligé si vous pouvez me fournir des renseignements sur les circonstances dans » lesquelles s'est fait votre traité avec M. Delaplace, sur la part qu'y a prise M⁰ Laluyé, sur les hono- » raires qu'il a pu percevoir, sur l'intérêt qu'il pouvait avoir, soit à faire vendre la co-direction, » soit par M. Delaplace, soit par vous lorsque vous étiez titulaire;

» M. D...... n'est plus à Paris; si vous y veniez, une conversation avec vous expliquerait mieux » qu'une correspondance, le but de mes recherches :

» Cependant, si vous n'avez pas une très prochaine occasion d'y venir, je vous prie de vouloir » bien me faire une réponse écrite, dans le courant de la semaine.

» Vous avez des lettres de M⁰ Laluyé, je vous prierai de me les envoyer. »

M⁰ Tartois, on le voit, éprouve le besoin de rappeler M. D.. ...; il croyait sans doute, ainsi engager M. Terrien à venir chez lui; mais quel était donc ce but qu'il voulait atteindre, et qui ne pouvait pas se bien expliquer dans une correspondance?

Je laisse à la Cour à le deviner.

M. Terrien, lui, qui encore une fois n'a jamais eu à se plaindre de moi, ressentit une pénible impression de cette démarche, et loin qu'elle pût altérer sa confiance en moi, il me renvoya la lettre en me disant : « Que me veut ce M. Tartois, je ne le » connais pas, — D...... je ne le connais que trop. »

M. Terrien en effet est toujours mon client, car j'avais répondu à sa lettre ci-dessus du 11 décembre 1850 : « Puisqu'il est vrai, comme je le croyais, que tout » ceci est l'œuvre de l'homme de Mᵉ Tartois, je n'ai aucune raison de vous refuser » mon concours. »

Il m'envoya ses pièces, et c'est ainsi que je connus le rôle qu'avait joué D....

Il écrivait à M. Terrien les lettres les plus étranges; il voulait l'entraîner dans la formation d'une société californienne dont il lui étalait longuement les féeriques merveilles; il faisait luire à ses yeux les plus brillantes perspectives.

Ces lettres pourront passer sous les yeux de la Cour; elles sont curieuses; elles justifient, en outre, on va le voir, que M. T..... cherchait à acheter des créances. Dans une de ses lettres, datée du 12 août 1849, il lui dit : « Je trouve également à » terminer pour le billet qui est chez Mᵉ Laluyé (les 5,000 fr.) » Dans une autre, du 17 décembre 1849, il lui disait : « T.... vient d'obtenir un concordat à 40 p. 0[0 » payables à termes; j'aurais pu céder à 50 p. 0[0; je suis sûr, *ayant les titres, d'ob-* » *tenir mieux que le concordat*; pour y parvenir, voici ce que j'ai fait : j'ai, ᴀᴠᴇᴄ ᴅᴇs » ғᴏɴᴅs ǫᴜᴇ ᴊᴇ ᴍᴇ sᴜɪs ᴘʀᴏᴄᴜʀᴇ́s, *fait des offres à* Mᵉ *Laluyé.....,* à la charge de me » remettre les titres, pour que je les fasse valoir contre la liquidation T.... »

Lorsqu'il a eu les titres, en effet, il céda, mais jamais M. Terrien n'a pu obtenir le double de la cession ni savoir le nom de son cessionnaire; j'ai les preuves de cela.

Quel est donc ce cessionnaire? Serait-ce le même qui a prêté les 2,000 francs pour me faire des offres?

Ainsi, il est bien établi qu'il n'y a jamais eu, qu'il n'a jamais dû y avoir de plainte contre moi dans cette affaire.

Cet exposé fait, j'aborde la délibération.

« Considérant qu'*il est établi et reconnu* par Mʳ Laluyé lui-même, que ledit Mᵉ Laluyé a été chargé » de la cession de la co-direction de la compagnie l'*Européenne,* d'abord de la part de Charon à Dela- » place, et de la part de ce dernier à Terrien. »

Il n'est ni établi ni reconnu que j'ai été chargé de la cession de la co-direction de l'*Européenne* par M. Charon à Delaplace, car cela n'est pas vrai.

Cela serait que je n'aurais pas à m'en défendre ; mais, comme toujours je tiens à la vérité toute simple ; et aussi bien, la sentence prenant en considération la fréquence des mandats dont je me serais chargé, il ne doit pas être permis, pour s'en faire une arme, d'augmenter le nombre des faits qu'on m'impute à griefs.

Voici mes preuves :

L'acte de société de l'*Européenne*, reçu par Mᵉ *Petineau*, notaire à Paris, ne reconnaît qu'un directeur, qui est M. Charon, et un co-directeur, M. App. Michaux.

Comment donc M. Charon aurait-il pu céder ce qui ne lui appartenait pas ?

J'ai, d'ailleurs, de ces messieurs, des déclarations qui confirment pleinement ce que j'avance.

Elles seront produites à la Cour.

« *Que cette entreprise a eu pour l'un et pour l'autre de fâcheux résultats ;* que Terrien désirant céder » à son tour l'emploi de co-directeur, s'était adressé à Mᵉ Laluyé qu'il avait chargé de recevoir les ama- » teurs et de leur donner les renseignements propres à amener une conclusion ; que Mᵉ Laluyé a reçu, » à la suite d'annonces faites dans les journaux, un grand nombre de personnes, et a eu à répondre à » beaucoup de demandes écrites ; qu'il était parvenu à opérer la vente dont les événements de février » ont seuls empêché la réalisation. »

Ainsi, que cette affaire ait eu pour tous ces messieurs un résultat fâcheux, comme l'insinue la sentence, cela ne peut m'être imputé.

L'insinuation tombe d'elle-même, et au surplus j'en serais au besoin lavé par les témoignages d'estime et de confiance que je reçois chaque jour de M. Charon, de M. Delaplace et de M. Terrien.

J'ai, en effet, été le conseil de M. Delaplace dans la cession qu'il fit de la co-direction à M. Terrien.

On a vu par la lettre ci-dessus que M. Terrien ne m'en a pas su mauvais gré, et qu'il n'a conçu de ma conduite aucune mauvaise opinion, puisqu'il m'a immédiatement pris pour conseil dans ses affaires et qu'aujourd'hui encore il est mon client, et cela, malgré la lettre que j'ai rapportée plus haut, de Mᵉ Tartois, le syndic de la Chambre.

M. Terrien, d'ailleurs, lorsqu'il traita, connaissait parfaitement ce qu'il faisait.

En voici la preuve :

« Paris, 1ᵉʳ avril 1847.

» Mᵉ Laluyé. — Depuis quelques semaines, je suis inspecteur général de la Caisse des Écoles et des » Familles, et en position maintenant de bien connaître les chances bonnes ou mauvaises de ces sortes » de compagnies..... Je vous demanderais, etc. »

Pour ce qui est de la revente par M. Terrien, je suis obligé de rétablir les faits.

MM. Delaplace et Terrien songeaient à modifier leur situation, et cela par des raisons complètement étrangères au public; — mais ils étaient au mieux ensemble.

Ils firent dans les journaux l'annonce suivante : « A céder, une des premières » positions dans une administration autorisée par le Gouvernement. — S'adresser » poste restante, à M. A. T. G. »

Puis, en y réfléchissant, ils pensèrent que s'ils répondaient aux demandes de renseignements, leur projet s'ébruiterait, qu'il serait exploité par les compagnies rivales, dans un sens fâcheux pour leur crédit commercial, — ils renvoyèrent à moi les personnes qui leur écrivaient poste restante.

En effet, M. Terrien vint un jour à l'étude, pendant que j'étais au Palais, et y laissa le petit mot suivant :

J'ai l'honneur de prévenir M⁰ Laluyé que, par suite de circonstances imprévues, d'accord avec M. Delaplace, je viens de faire insérer dans les journaux un article relatif à la vente de la direction, — j'ai pris la liberté de vous indiquer, *pour que l'on se renseignât,* — j'aurai l'honneur de venir vous voir ....

La Chambre a vu ces documents ; c'est égal, elle poursuit :

« Que lors de l'instance arbitrale dont il sera ci-après parlé, M⁰ Laluyé, à l'appui d'une demande » d'honoraires, a fait valoir, dans ses conclusions cette circonstance, *que le mandat e vendre lui* » *avait été conféré* par la double raison: 1° Que son caractère d'avoué inspirait plus de confiance que » la qualité d'homme d'affaires ou de courtier que prennent les personnes qui se chargent habituelle- » ment de ces sortes de transactions, 2° et qu'il connaissait mieux que personne tous les détails et les » éventualités de l'opération. »

Voici les conclusions auxquelles on fait allusion ; qu'on en juge :

« Attendu que les soins donnés par M⁰ Laluyé aux intérêts de M. Terrien, ne peuvent, en aucune » façon, être considérés comme courtage ou gestion d'affaires ;

» Que M⁰ Laluyé n'est ni courtier, ni coureur d'affaires ; qu'il n'en a présenté ni cherché aucune » pour M. Terrien ; que les rapports de M. Terrien avec lui ont été ceux d'un client vis-à-vis de son » conseil, d'un mandant à l'égard de son mandataire ;

» Qu'il résulte de la correspondance produite par M⁰ Laluyé, qu'il a été chargé par celui-ci de » donner des renseignements pour la vente de sa co-direction, et, au besoin, de rédiger les conven- » tions de la cession ;

» Qu'en sollicitant M⁰ Laluyé de s'occuper de cette affaire, M. Terrien savait parfaitement que M⁰ » Laluyé pouvait seul peut-être, en cette occasion, lui rendre de très bons services, étant au courant » de toutes les phases de l'*Européenne,* et possédant dans son cabinet une foule de documents relatifs » à cette opération, il était à même d'offrir aux amateurs des renseignements complets qui ne pou-

» vaient exister chez d'autres, et, en tous cas, être sans danger mis à la disposition d'un courtier ou
» faiseur d'affaires ;

» Que, d'ailleurs, le caractère d'officier ministériel dont est revêtu M⁰ Laluyé, donnait certainement
» aux explications qu'il pouvait fournir, une valeur morale qu'un courtier ou faiseur d'affaires ne sau-
» rait offrir, et M. Terrien le savait parfaitement, et y attachait beaucoup d'importance,

» Attendu que cette affaire, dont les annonces ont été faites par M. Terrien, a donné à M⁰ Laluyé
» beaucoup d'occupations ; qu'il a dû, en cette occasion, recevoir chez lui plus de trois cents per-
» sonnes ; qu'il a, en outre, reçu une quantité prodigieuse de lettres auxquelles il a dû répondre, et
» qu'enfin l'affaire s'engagea très avant avec plusieurs personnes :

» Qu'elle fut même conclue avec M. Rouyer, ancien notaire à Vailly-sur-Aisne, lorsque la révolution
» de février éclatant empêcha la réalisation du traité.

» Qu'à coup sûr, les honoraires dus légitimement à M⁰ Laluyé dans cette affaire ne sauraient être
» diminués par le fait; qu'en définitive l'affaire n'a pas été réalisée ; qu'ainsi qu'il vient d'être dit, il n'a
» été qu'un conseil et qu'un mandataire et non un entremetteur d'affaires. *ce qu'il n'eût pas consenti à*
» *être.* . . . . »

Voilà ces conclusions ; je ne crois pas avoir à en rien désavouer, mais pour leur complète intelligence, je dois un mot d'explication.

Dans l'arbitrage devant la Chambre des Avoués, le sieur D......, qui représentait M. Terrien, avait en effet prétendu qu'il ne m'était rien dû, parce qu'il n'est rien dû au courtier quand l'affaire ne se conclut pas.

Il est même permis de croire que M⁰ Tartois, chez qui le sieur D...... se tenait, — qui, à ce même moment, occupait à mon détriment pour M. Terrien, dans deux ins- tances devant la Cour, — n'était pas étranger à cette défense.

En effet, quoique membre de la Chambre, il s'abstint de siéger dans cet arbitrage ; la sentence n'est pas signée de lui, et dans son réquisitoire contre moi, il a repris la thèse de M. D.....

Quant aux renseignements dont parlent mes conclusions, c'est fort naturel. — J'étais l'avoué de l'*Européenne*, l'avoué de M. Charon, fondateur, l'avoué enfin de M. Terrien.

Où est le mandat de vendre dont parle la Chambre ?

Où est-il dit que je connaissais *les éventualités de l'opération*?

Je relève ces derniers mots.

Est-ce que tout le monde ne pouvait pas se faire une opinion sur les chances d'une affaire tontinière? — Les combinaisons, certes, sont bien connues. — Le reste est une affaire d'argent : et le caissier en sait là-dessus plus que personne.

» Considérant qu'un avoué ne peut accepter un pareil mandat et se charger d'une pareille mission,

» sans prendre le caractère du véritable agent d'affaires, dont il couvre et protége les opérations par le
» titre d'officier ministériel dont il est revêtu ; que là ne s'est pas borné le tort grave de M⁰ Laluyé :
» que, pour assurer le paiement d'honoraires qu'il réclamait, il n'a pas craint d'accepter un effet com-
» mercial de 800 francs souscrit par Terrien à son ordre, et de recevoir à titre de garantie :

» 1° Un billet de 372 francs souscrit par T...., et passé à son ordre par Terrien ;

» 2° Une traite de 5,000 francs souscrite également par T... au profit dudit Terrien ;

» Que, pour le billet de 372 francs, M⁰ Laluyé l'a passé à l'ordre d'un prête-nom qui a formé une
» demande devant le Tribunal de Commerce, et a obtenu une condamnation par corps tant contre le
» souscripteur que contre le sieur Terrien et M⁰ Laluyé, en leur qualité d'endosseurs ; qu'en vertu du
» jugement de condamnation, un commandement a été fait *à toutes les parties condamnées ;* que, ré-
» pondant à une *observation écrite de Terrien*, qui avait pour but de signaler l'inutilité d'une condam-
» nation et de poursuites exercées, M⁰ Laluyé lui annonce que les poursuites sont sans inconvénient ,
» qu'elles auront même pour avantage de fortifier la demande en séparation de biens qui avait été
» formée d'après ses conseils, à la requête de la femme Terrien , et qu'il s'était chargé de sur-
» veiller ;

» Que, quant au billet de 800 francs, il a obtenu au Tribunal de Commerce un jugement qui con-
» damne Terrien au paiement de cette somme, et autorise M⁰ Laluyé à produire en son nom et à tou-
» cher dans la liquidation judiciaire, alors déclarée du sieur T....; qu'il a fait tous les actes et a paru à
» toutes les assemblées de créanciers pour parvenir au paiement du dividende qui était dû à raison de
» ces valeurs par suite du concordat. »

J'ai, dans l'exposé des faits, raconté l'affaire des billets.

C'est un tort grave aux yeux de la Chambre.

Mais où est la loi qui défende à l'avoué de recevoir le paiement de ses frais en billets ?

Où est la loi qui lui interdit, s'il possède des billets, d'en faire de l'argent ?

Pour être subrogé dans les droits du porteur, comment l'endosseur peut-il payer avant qu'il y ait condamnation ?

J'ai dit d'ailleurs, et je n'y reviens pas, que ces faits avaient eu lieu à une époque où des préoccupations si graves agitaient tous les esprits , qu'on comprendrait que l'endosseur, fût-il avoué, ne se fût pas trouvé en mesure de rembourser.

Mais il n'en est rien pourtant.

La Chambre se trompe encore en disant qu'un commandement a été fait à toutes les parties.

Il n'en a jamais été fait à M⁰ Laluyé : il ne pouvait pas lui en être fait.

Et pour rétablir la vérité pure et simple , et me défendre d'une insinuation sur ma réponse à M. Terrien au sujet des poursuites, je vais mettre les textes sous les yeux de la Cour.

Voici la lettre de M. Terrien , que la Chambre désigne sous le nom d'observation écrite :

« 21 mai 1848.

» J'ai appris que l'on m'avait signifié le jugement relatif à l'acceptation T....., de **372** francs. Comment cela se fait-il ? Je vous serai obligé de faire arrêter ces frais, qui devraient être dirigés seulement contre T..... »

Voici ma réponse :

« 23 mai.

» Le billet T.... n'ayant pas été payé, cela explique les poursuites. Il n'y a d'ailleurs pas d'inconvénients qu'elles soient faites contre vous, au point de vue de la séparation. »

Voyons ! est-ce la même chose que ce qu'y a vu la Chambre ?

M. Terrien était débiteur. Peut-on le contester ?

La poursuite pouvait donc être faite. Toutefois, je voulais bien l'attendre, c'est évident ; mais il faut rappeler encore que cette signification a été faite par les huissiers audienciers du Tribunal de Commerce, à qui, chacun le sait, il faut déposer le titre ; et enfin, c'était le 16 mai 1848 , le lendemain de l'envahissement de l'Assemblée. Pour moi , j'avais couché au bivouac , et je pensais peu à la procédure T...., je l'avoue.....

Ensuite, au point de vue de la séparation :

Est-ce qu'un avoué manque à ses devoirs en faisant, pendant un procès de séparation de biens, constater loyalement le péril de la dot ?

« Considérant que ces faits, qui ont pour origine l'acceptation d'un mandat, contraire, ainsi qu'on » vient de le dire, aux règles de l'exercice sainement entendu de la profession d'avoué, constituent un » manquement grave à la dignité professionnelle;

» Que si les avoués ne peuvent acquérir de droits litigieux dans les conditions déterminées par la loi, » ils ne doivent pas non plus apposer leur signature sur des effets de commerce, et se laisser traduire » ou traduire des tiers en leur nom, devant la juridiction commerciale; que s'engager ainsi dans des » affaires de la nature de celles dont il est question, comparaître soit en demandant, soit en défendant, » devant les Tribunaux, c'est méconnaître l'esprit et le but de la loi de son institution, et comprometre le caractère dont on est revêtu. »

D'après cela, les avoués n'auraient pas le droit d'être créanciers, de produire à une faillite, ni d'accepter des garanties des gens qui leur doivent.

J'ai en vain, pour ma part, consulté tous les ouvrages qui s'occupent de la profession d'avoué ; nulle part je n'y ai vu de pareille doctrine.

J'ai vu , dans le Code Napoléon , qu'il leur est interdit de se rendre cessionnaires de procès et droits litigieux dans leur ressort.

Si le législateur de 1806 a dit cela, c'est qu'apparemment rien ne le disait dans les lois antérieures. Je ne connais pas de loi, ni d'instructions ministérielles qui aient rien ajouté à cette interdiction.

Quant à l'acceptation de mandat qui m'est reprochée,

J'ai prouvé que je n'avais que le mandat de donner des renseignements, et je soutiens avec les principes que j'ai rappelés au commencement de ce Mémoire, que j'aurais pu recevoir le mandat même de vendre ou d'acheter.

Je m'accuse ici d'avoir acheté, comme mandataire d'un de mes clients, un immeuble important. Le vendeur était un magistrat des plus honorables, qui, certes, n'a pas pensé que je manquais à mes devoirs.

Si c'est un délit contre la discipline, je me dénonce aux magistrats.

« Considérant que c'est en vain que M⁰ Laluyé, dans sa défense, a invoqué comme fin de non-recevoir,
» contre l'action disciplinaire, la sentence arbitrale rendue par la Chambre entre lui et le sieur Terrien
» sur le règlement des honoraires réclamés et le compte à établir par suite. »

Je n'ai invoqué, j'en appelle aux souvenirs de mes avocats, aucune fin de non-recevoir.

Je n'entends pas en invoquer. Dans les questions d'honneur et de dignité , il n'y a jamais prescription.

« Qu'en effet, M⁰ Laluyé était menacé d'une action judiciaire , ayant pour objet le règlement du
» compte que le sieur Terrien se proposait de lui demander , à raison de l'encaissement des dividendes
» dans la liquidation T......

» Que la Chambre, pour éviter l'éclat fâcheux d'un procès de cette nature, et dans un intérêt bien
» entendu de Compagnie, a consenti, sur la demande de Terrien, à se constituer en tribunal arbitral et
» à juger les difficultés, abstraction faite de l'action disciplinaire qu'elle n'a jamais entendu abandon-
» ner ; que la discipline a pu sommeiller en présence des deux affaires dont il vient d'être question, et
» compter sur l'efficacité d'avertissements donnés, mais qu'elle doit reprendre toute son énergie en pré-
» sence de faits nouveaux qui se révèlent, et de la déclaration faite par l'avoué inculpé, que non seule-
» ment il ne voit rien de fondé dans les reproches qui lui sont adressés , mais encore qu'il persistera
» dans la ligne de conduite qu'il a cru devoir suivre jusqu'à présent. »

Je n'ai plus, après ce que j'ai dit, besoin de revenir sur la prétendue menace d'un procès, — on se rappelle la lettre de M. Terrien, celles même du sieur D.....

Mais je n'ai jamais touché un centime de dividende dans l'affaire T.....

La preuve résulte du concordat du sieur T....., dont je produis une expédition en forme.

Seulement, voici ce qui eut lieu :

Lorsqu'il fut entendu que nous prendrions des arbitres, le sieur D..... me demanda la remise des pièces. On sait maintenant ce qu'il en voulait faire, et il me fut déposé en compte une somme de 2,000 fr.

Par suite de la sentence, je ne me trouvai créancier que de 1,900 fr. environ. — J'ai, bien entendu, fait immédiatement compte du solde, 100 fr. à peu près.

On comprend très bien la déclaration dont parle la Chambre des Avoués.

Elle résulte assez du système que j'ai développé. — Est-il besoin de dire que je ne la désavoue en aucune façon ?

Nous voici à la fin des explications de l'affaire Terrien.....

Un seul mot resterait à dire sur la lettre écrite par Mᵉ Tartois, syndic, à mon client, mais cela me conduirait à rechercher quel est le sentiment qui a pu inspirer la poursuite dont j'ai été l'objet.

AFFAIRE DE C.....

Suivant le réquisitoire et suivant la décision elle-même, cette affaire est la plus grave de celles qui me sont reprochées; il y avait un moyen de réduire cette appréciation à sa juste valeur, c'était de raconter en détail toutes les affaires de M. et Mᵐᵉ de C... et de publier en entier une Correspondance ; ce travail je l'avais fait, mais outre qu'il était fort long, il avait l'inconvénient de livrer à la publicité des correspondances et des documents intimes de la famille de C..... ses secrets, ses chagrins, ses douleurs, tout était là. — Avant de livrer ce travail à l'impression, j'ai dû le communiquer à M. de C..... — il s'est opposé à sa publication. — Après mûres réflexions j'ai été amené à reconnaître que je dois borner mes explications à la publication de la lettre de M. de C..... et à la discussion des motifs de la décision que j'attaque; voici d'abord la lettre de M. de C..... :

« Mon cher Laluyé ,

» Je viens de lire la décision de la Chambre des Avoués, rendue contre vous; elle m'indigne pro-
» fondément ; mais, franchement, vous conviendrez que je ne puis être responsable d'une pareille
» œuvre.

» J'ai lu aussi votre Mémoire en réponse , et il est impossible que je ne m'oppose pas à la publication
» de ce document, non qu'il contienne rien d'inexact ; tout ce que vous dites, tous les documents que
» vous y insérez sont de la plus rigoureuse vérité ; ce sont des secrets de ma famille, des correspondances
» de moi, de ma femme, de ma mère et d'autres personnes ; et, par leur nature intime, elles ne peu-
» vent, sans de graves inconvénients, être livrées à l'impression. Tous ces documents, d'ailleurs, ne
» sont dans vos mains que parce que vous avez été l'avoué , le conseil, de ma femme , de moi ; et de
» nous deux ensuite lors de l'arrangement. Je ne crois pas, qu'à moins que nous y consentions, ou
» que nous vous y forcions par nos attaques , vous puissiez avoir le droit de publier ces correspon-
» dances.

» Je sais que j'ai porté une plainte contre vous, et que cette plainte a eu le tort de vous demander
» compte d'une somme que vous aviez remise suivant mes ordres et avec mon approbation. J'aurais
» dû me borner à dire : — Me Laluyé ne veut pas produire sa décharge , car il a laissé ma sommation
» sans réponse ; —mais enfin il est toujours temps de réparer un tort, et dès que je l'ai pu, j'ai réparé le
» mien ; aussitôt que devant la Chambre des Avoués vous avez produit votre décharge, j'ai déclaré que
» je ne voulais que cela, que je vous tenais pour un galant homme. — Le Président m'ayant demandé
» alors si je retirais ma plainte, je répondis que non, car mon but serait manqué ; —je veux faire consta-
» ter l'existence de cette décharge ; quant à moi, je la connaissais parfaitement.

» C'est qu'en effet je n'entends rien à la chicane ; ma's je voulais établir que j'avais remis cette somme
» à ma femme. On me disait que je ne pourrais obtenir cette preuve (de vous l'avoué de ma femme, peu
» disposé par conséquent à la desservir) qu'en portant une plainte ; je l'ai fait. Mais n'ai-je pas désavoué
» cette plainte aussitôt dans des termes qui ne pouvaient laisser aucun doute sur votre honora-
» bilité ?

» Maintenant, s'il plaît à votre Chambre des Avoués de vous chercher querelle à cette occasion, d'en-
» tasser suppositions sur suppositions,—voir des torts dans des faits que je tiens parfaitement honnêtes,
» loyaux et même honorables ;—parler sans cesse d'actes projetés, de combinaisons tentées, de versions
» imaginaires pour commettre une fraude à la loi, — se plaindre que rien, dans les pièces produites, ne
» donne crédit à ce système ;—si elle suppose des actes qui n'ont jamais existé,—si elle conteste la sincé-
» rité de ceux produits, ou bien si elle fait dire à ceux qu'elle invoque autre chose que ce qu'ils disent,—
» enfin si elle met partout ses suppositions malveillantes à la place des faits et de la vérité,—je ne puis de
» tout cela accepter la responsabilité. Toutes les probabilités et improbabilités ne peuvent empêcher des
» faits d'être des faits. Je ne puis donc souffrir qu'à propos de l'étrange chicane qu'on vous fait , les
» secrets de mon intérieur, ceux de ma famille, des choses que je vous ai cachées longtemps à vous-
» même, mon avoué et mon conseil, soient livrées à une publicité dont tout le monde comprendra que
» je ne veuille pas, sans faire de mauvaises suppositions contre moi. Tout ce à quoi je puis être tenu,
» c'est de venir ici donner mon témoignage afin de rétablir les faits dans leur stricte vérité. Si cela ne
» suffit pas, que la Cour me fasse l'honneur de m'entendre, et je ne laisserai point à la contradiction la
» possibilité de se produire.

» Je ne sais quels documents ont été fournis à la Chambre des Avoués pour établir nos relations du
» monde : ces faits-là ne se constatent guère par écrit d'habitude ; mais n'importe, je dois dire que ces
» relations ont été la cause même de mes réticences dans nos conférences d'affaires : on n'aime pas à
» confier certaines choses d'intérieur et d'intimité aux personnes qui fréquentent nos connaissances du

» monde, on veut même souvent les leur cacher d'autant plus soigneusement ; ainsi, je ne vous ai
» jamais dit les raisons qui me faisaient vouloir assurer cent cinquante mille francs à ma femme ; vous
» avez dû ignorer, jusqu'au procès de Pontoise, la vérité sur les sommes reçues en Angleterre et sur
» leur importance; car je sais que ma femme, jusqu'à cette époque, ne vous avait pas fait connaitre la
» vérité sur sa situation : la version, qui n'est pas justifiée pour votre Chambre, n'aurait pu l'etre que
» par nous ; mais je n'ai pas à la justifier ni à la contester ici, non plus, qu'à expliquer si je voulais don-
» ner cent cinquante mille francs à ma femme, et par quel motif. Ce sont là mes secrets de famille :
» rien, dans cette affaire, ne peut nécessiter qu'ils soient publiés.

» Ce qu'il y a de certain, ce que j'affirme, ce qui au besoin ressortirait des documents judiciaires, c'est
„ que vous êtes complètement étranger à toutes les combinaisons que j'ai cru devoir employer ou
» essayer pour réaliser ma volonté. Dès longtemps, mon notaire avait été mis par moi dans la confidence
» de mes projets, et il m'avait appris que je pouvais donner ce que je voulais à ma femme de la main à
» la main : mais la rareté du numéraire, en 1848 jusqu'en 1850, m'avait paralysé dans l'accomplissement
» de mon dessein ; cependant je voulais en finir, donner une sécurité, même provisoire à ma femme :
» c'est alors que je vous ai sollicité de trouver des combinaisons pour pouvoir lui transporter diverses
» créances : ce que vous avez jugé impossible ; mais je vous ai prié de recevoir en dépôt un transport
» avec le nom du bénéficiaire en blanc, avec autorisation d'en disposer suivant la volonté de ma femme
» (chose que vous n'avez pas voulu faire); il a en effet été question de M. Alquier, comme prête-nom,
» car j'ai en lui une très grande confiance ; mais toujours vous nous avez détournés de cela, en nous dé-
» montrant le danger et le peu de valeur légale de pareils actes et de positions fictives, mais jamais il
» ne fut question pour cela de M. Portevin, je l'affirme.

» Cela n'empêche pas la décision de dire, que vous nous avez conseillé le moyen de nous créer une
» position que le caprice seul nous forçait à rechercher. Cette position, on le dit, avait pour but de ra-
» mener la paix dans mon intérieur !!! . . . .
» Que messieurs les avoués appellent cela caprice, libre à eux. . . . . moi, j'envisage
» les choses d'une autre façon. . . . . et pourtant, je suis d'une morale facile, je n'em-
» ploie pas hors de propos, les *mots fraude à la loi, femme frappée d'incapacité par la loi, mépris de*
» *l'autorité maritale,* etc.

» Ce qui s'est passé est si simple, qu'en vérité, je ne comprends pas comment d'une aussi petite souris
» on a pu faire sortir une aussi grosse montagne.
» J'avais deux valeurs Verrollot, de chacune 12,500 fr. environ, je vous ai prié de les recevoir à
» échéance, car je devais être absent ; ces valeurs n'étaient pas à ordre; mais, pour n'avoir pas à faire
» une procuration, je voulais vous les endosser, vous n'avez pas voulu. J'ai demandé à mettre le nom
» de M. Portevin, que je savais vous laisser diriger ses affaires; la première de ces valeurs échéait le
» 26 janvier 1851; dès le 28, vous m'en avez compté le montant, et cette somme a servi à payer
» MM. Finguerlin et Popelin, vous avez les pièces; l'autre échéant, janvier 1852, a été comptée à
» ma femme, suivant mes ordres, elle figure dans je compte signé, chez M. Bethmont. Votre Chambre
» parle d'un billet de 10,000 fr. *Celui-là elle l'a inventé.* J'avais en outre une créance hypothécaire de
» 85,000 fr. sur les Cartharins, je voulais la transporter. M. Collin, qui était aussi mon ami, avait à faire
» un placement, vous étiez son mandataire ; je vous ai demandé ces fonds; vous m'avez expliqué, avec
» une délicatesse que j'ai dû apprécier, que votre position de conseil de tous les deux, vous obligeait

» à consulter son notaire, M. Daguin. Enfin, l'affaire fut trouvée bonne et conclue; j'ai reçu les
» 70,000 fr., montant de ce transport, sauf à payer à M. Collin la différence entre quatre et cinq pour
» cent d'intérêt; la créance Verrollot, ne produisant que quatre.—Il me fallait trouver encore une somme
» de 70,000 fr., la rareté du numéraire m'obligea à insister près de vous, et enfin je vous décidai à nous
» faire prêter par M. Portevin, votre beau-père, ladite somme; mais il fallait aller en Belgique, et comme
» je me souciais peu, à cette saison, de faire ce voyage, nous fûmes forcés de faire une procuration, et
» en outre, je vous remis un mot pour retirer les fonds et me les rapporter, car on ne pouvait vérita-
» blement laisser là bas, à un mandataire inconnu, un petit denier de 70,000 fr. Ces fonds étaient en-
» core destinés à Mme de C....; je l'ai chargée de les recevoir et d'en donner décharge ; ce qu'elle a fait.
   » Voilà l'histoire, toute l'histoire de nos affaires.

   » Mais un beau jour je crus avoir intérêt à prouver la remise de ces fonds à Mme de C....; mais
» ce jour-là j'avais un autre conseil, et vous étiez son avoué; vous n'avez pas répondu à ma somma-
» tion ; alors je me suis adressé à M. le Procureur général, mais simplement pour demander que vous
» fussiez tenu de produire la décharge que vous avait donnée Mme de C....

   » La note que j'ai signée ensuite, et qui n'est pas de mon écriture, est due aux conseils d'un homme
» que j'ai eu l'occasion d'apprécier depuis ; il m'affirma que ce que j'avais dit devant la Chambre des
» Avoués (je l'ai rappelé plus haut) m'empêcherait d'obtenir la constatation des décharges de l'emprunt
» des 70,000 fr. d'Anvers, et comme je voulais cette constatation absolument, que ma lettre à M. le
» Procureur général n'avait jamais eu d'autre but ni d'autre motif, je me laissai aller à signer cette
» pièce;—sans doute j'ai eu tort, cela est mal, et je m'en repens aujourd'hui surtout que je vois les tra-
» casseries auxquelles cela a pu servir de prétexte ; — mais je vous l'ai dit déjà, je vous l'ai écrit de
» Vevey, je ne puis que le répéter ici : — j'étais si malheureux de l'affaire de Pontoise que j'en perdais
» réellement la tête; Dieu vous garde d'en jamais passer par là.

   » Mais est-ce que mon désistement, ses termes rapprochés de ma plainte, les deux seuls documents
» écrits de ma main, est-ce que ma déclaration personnelle et spontanée devant la Chambre des Avoués, la
» confiance et l'estime que je vous ai toujours témoignées, mes lettres de Vevey dont on vous fait un
» reproche, ne sont pas la preuve que je n'avais jamais eu le plus léger grief contre vous...Tenez, il ne
» faut pas être avocat pour juger de la faiblesse des arguments élevés contre vous, notre affaire et moi ne
» sont là qu'un prétexte. — Qu'est-ce que c'est que cette critique de mes actes? Et l'imputation qu'on
» vous en fait ?   Ne suis-je pas majeur, est-ce que je suis interdit? Ai-je un conseil judiciaire?

   » Ma femme ? mais elle est séparée de biens, notre contrat lui permet de disposer ; — et quant à mon au-
» torité maritale elle n'a rien à faire là; et d'ailleurs s'il me convient de la laisser sommeiller, qui peut
» donc m'en empêcher?

   » En ce qui concerne ma lettre du 23 mai et les missions dont je vous chargerais, montrez cette
» lettre à la Cour, et je suis sûr moi qu'elle n'y verra rien dont vous ne puissiez vous honorer !!...

   » Ah ! MM. les Avoués trouvent que vous êtes mon espion contre ma femme votre cliente..... —
» J'ai entendu parler d'un avoué qui a demandé 40,000 francs de dommages et intérêts à l'amant de sa
» femme. Etait-il, par hasard, parmi les membres de votre Chambre, et aurait-il cru que vous étiez
» chargé de me préparer un pareil procès ? Alors, en effet, je comprendrais que la mission lui eût sem-
» blé peu digne d'un homme *jaloux de sa dignité.*

   » Je n'ai plus, ce me semble, qu'un mot à ajouter : j'ai su que l'on vous avait fait beaucoup de ques-

» tions relatives à mes affaires. Je vous remercie de ne pas avoir répondu ; car de quel droit la Cham-
» bre prétendrait-elle s'y immiscer ?

» Quant aux honoraires que je vous aurais payés, cette question aussi me paraît singulière... Mais si c'est
» pour suspecter votre conduite et insinuer que vous auriez des habitudes de rapacité, je suis heureux
» de pouvoir vous donner ici un témoignage de ma parfaite estime sur ce point comme sur les autres.

» J'affirme qu'il ne fut jamais question, ni directement, ni indirectement, de vos honoraires, à raison
» de vos conseils et des soins que vous avez donnés à mes affaires. Ce n'est que lorsque je voulus vous
» payer les frais et honoraires de l'affaire de la succession de mon père, qu'il en fut question entre nous,
» et c'est moi-même qui les ai fixés. Quant aux honoraires qui vous étaient dus à raison des conseils,
» conférences, correspondances, démarches, etc., etc., voyage en Belgique, c'est ma femme qui s'est
» chargée de régler cela, et je sais que c'est elle-même qui a fixé le chiffre de vos honoraires.

» Je termine cette lettre déjà trop longue, mais elle pourra servir, j'espère, à éclairer la Cour et nos
» amis sur la réalité des faits, et détruire les suppositions de la Chambre des Avoués.

» Je pense, mon cher ami, que vous apprécierez les motifs qui m'ont dicté cette lettre ; j'ai cédé à
» l'indignation profonde que j'ai éprouvée en lisant les insinuations perfides lancées contre vous.

» Tout à vous d'amitié ,

» Signé : Baron DE C....

» Paris, le 21 octobre 1852. »

Maintenant, j'aborde la discussion de la sentence :

« Considérant qu'il résulte des documents produits et des faits reconnus que les rapports d'affaires
» qui se sont établis entre Me Laluyé et le baron de C... sont dus à des relations du monde préexis-
» tantes. »

De quels documents s'agit-il ?

D'habitude, les relations du monde ne s'établissent pas par écrit.

« Considérant qu'il résulte de la plainte de M. de C.... qu'à la suite de dissensions qui avaient éclaté
» dans le ménage des époux de C...., la dame de C.... qui s'était mariée sans aucune fortune, avait
» exigé comme condition d'une réconciliation, qu'une somme de 150,000 francs serait remise à sa dis-
» position par son mari. »

Depuis quand une plainte, qui est désavouée par son auteur, reste-t-elle à elle seule une preuve ?

Mais ce qui est plus étonnant dans ce raisonnement, c'est que la plainte ne dit pas un mot de cela : on va en juger.

Je copie, car il faut que ce document soit sous les yeux du lecteur.

Monsieur le Procureur général ,

Je me trouve réduit à déférer à votre justice la conduite d'un officier ministériel, Me Laluyé, avoué à la Cour d'appel de Paris, mon mandataire, auquel j'ai vainement demandé compte de l'usage des pouvoirs qui lui avaient été conférés.

Il ne saurait contester cette qualité, car si j'ai été bien renseigné, il l'aurait invoquée pour connaître au parquet une plainte déposée contre ma femme, plainte dont ma femme a été immédiatement instruite. Cependant, il est vrai de dire qu'en cette occasion, cette qualité ne lui appartenait que par une extension extrême de sa part.

Quoi qu'il en soit, M⁰ Laluyé s'est rendu en Belgique, en février 1851, muni d'une procuration en brevet, en vertu de laquelle il m'a engagé au remboursement de la somme de 70,000 francs en consentant une inscription hypothécaire sur une de mes propriétés, à Huy.

Quel usage a-t-il fait de cette somme ?

Je lui ai, par exploit de Chevalier, huissier à Paris, en date du 18 décembre 1851, témoigné ma légitime exigence à cet égard, et le silence qu'il a gardé, m'oblige, Monsieur le Procureur général, à recourir à votre autorité pour que cette satisfaction me soit accordée.

J'ai l'honneur, etc.   *Signé :* Baron DE C....

On se rappelle comment il rend compte de sa comparution devant la Chambre des Avoués, de ce qui y fut dit ; et enfin voici le désistement adressé à M. le Procureur général.

Je viens me désister de la plainte que je vous avais adressée contre M⁰ Laluyé, avoué.

Dans la crainte que le fait de cette plainte puisse porter la plus légère atteinte à la considération et à l'honorabilité de M⁰ Laluyé, je dois ajouter, M. le Procureur général, que cette plainte n'avait été portée que dans le but d'obliger M⁰ Laluyé à produire les décharges qu'il avait.

Je croyais avoir besoin de ces pièces dans un procès que j'avais contre Madame de C.... dont il est l'avoué, procès qui maintenant est éteint par mon désistement.

Je ne puis que profiter de cette occasion pour vous témoigner, M. le Procureur général, que ma confiance dans M⁰ Laluyé n'a jamais été altérée.

Recevez, etc.

Signé : Baron DE C....

Où est-il parlé de dissensions dans le ménage des époux de C..., et de condition de réconciliation ?

« Considérant que les époux, pour parvenir à la réalisation d'un tel arrangement, se sont adressés » à M⁰ Laluyé :

» Que d'abord et pour légitimer autant que possible les actes projetés, *on a eu recours* à une version » qui consistait à faire reconnaître par le mari qu'il avait reçu et *dissipé* le montant d'un legs fait à sa » femme par une personne qui avait voulu que son nom restât ignoré. »

Si cette version n'était pas vraie, je ne saurais en être responsable ; et il ne faut pas dire, après avoir rappelé qu'on s'est adressé à moi, *on a eu*, mais M. et Mme de C.... *ont eu recours* !

Dissipé.... qui a dit cela ? Pour moi, je n'en ai jamais entendu parler ; on disait que

M. de C.... avait reçu..... Dissipé!!! mais il possédait une fortune s'élevant alors à plus de 400,000 fr., et en outre, son avenir patrimonial est de 40,000 fr. de rentes. Il pouvait donc parfaitement payer.

« Considérant que rien dans les *pièces produites* ne donne crédit à un pareil système; qu'en réalité
» il ne s'agissait que de trouver *un moyen* pour faciliter la remise de la somme de 150,000 francs par le
» mari à la femme qui devait en avoir la libre disposition. »

Rien dans les pièces produites.

Par qui produites? M. et Mme de C.... étaient-ils au débat?

Mais si rien ne prouve cela, qu'est-ce donc qui prouve le contraire? La plainte n'en dit pas un mot.

A supposer que cette version soit un roman, est-ce que cela peut m'être imputé? Un avoué peut-il, doit-il exiger que ses clients lui prouvent ce qu'ils racontent quand il s'agit d'actes entre époux, destinés à faire renaitre la paix ou l'harmonie dans l'intérieur de la famille. Je ne saurais admettre non plus qu'on ne doive pas conseiller une donation manuelle. La jurisprudence reconnait cette forme de donation. Elle est donc licite.

« Considérant que pour atteindre ce but, *des actes de cession de créances avaient été faits*, par le mari
» à la femme; qu'il résulte de la correspondance et d'autres documents produits, notamment d'un
» reçu du 28 janvier 1851, que si Me Laluyé n'était pas le rédacteur de ces actes, il en était au moins
» le dépositaire, et que des valeurs avaient été remises au sieur Portevin, son beau-père, qui con-
» sentait à prêter son nom et son concours; mais que ce premier mode de réalisation offrant de
» graves difficultés, on a eu recours à d'autres combinaisons que les circonstances ont paru rendre
» plus praticables. »

Un avoué ne peut-il accepter le dépôt de pièces dans son cabinet?

Mais il y a là d'abord une erreur par extension; — il n'y a jamais eu qu'un acte de cession déposé chez moi; il existe encore dans son état primitif :—c'était une cession de la créance des Cartharins.

Je me défendis de ce dépôt, M. de C.... insista. C'était, me disait-il, un moyen de rassurer sa femme; mais j'ai toujours dit que je n'entendais, quant à moi, faire aucun usage de cet acte sans son concours, — non pas que je crusse ne pouvoir faire autrement sans manquer à mes devoirs, mais uniquement pour ne pas encourir de responsabilité morale.

Le reçu du 28 janvier sera rapporté plus loin. On verra s'il contient quelque chose de contraire à ce que j'avance.

Il s'applique aux valeurs endossées à M. Portevin, mais il prouve que son nom et son concours consistèrent à recevoir, à échéance, ces billets pour le compte de M. de C...., et en son absence.

Quant à la correspondance et aux autres documents qu'on invoque ici, je serais curieux de les connaître, bien que leur existence me soit indifférente. Quant aux difficultés supposées, auxquelles on fait allusion, elles sont imaginaires.

Il n'y en eut aucune.

Les billets Verrollot? *ils ont été touchés.* Compte a été fait à M. de C...., et il a employé le montant à éteindre des créances hypothécaires : j'ai ces pièces authentiques en main. Le deuxième billet n'est échu qu'en 1852 ; il a été touché également, et le produit figure au compte entre les époux, après l'arrangement.

Si l'on a eu recours à d'autres combinaisons, ce n'est pas par ce motif assurément ; mais voyons ces combinaisons.

« Que le baron de C..... était créancier d'un sieur Verrollot d'une somme de 85,000 francs restant » due sur le prix d'un immeuble appelé domaine des Cartharias. »

Ceci est exact.

« Que M⁰ Laluyé, comme mandataire de M. Collin, avait reçu pour ce dernier dans le courant du » mois de décembre 1850, suivant quittance devant Clairet, notaire à Paris, le remboursement d'une » somme de 100,000 francs, qui se trouvait libre en ses mains ; que sur ces 100,000 francs une somme » de 70,000 francs *fut remise au baron de C.... qui consentit, à la date du* 1ᵉʳ *février* 1851 et par acte » devant Daguin, notaire à Paris, une délégation au profit de M. Collin sur le sieur Verrollot débiteur » du prix, et que cette somme *a été remise à M⁰ Laluyé,* qui devait la tenir à la disposition de Madame » de C..... »

Fut remise au baron de C....

Il faut convenir que cette rédaction est singulière.

Y a-t-il quelqu'inconvénient pour la Chambre des Avoués, à se servir des expressions exactes. Délégation, veut dire : « acte par lequel un débiteur donne à son créan- » cier un autre débiteur qui s'oblige à sa place. »

La cession s'appelle transport, c'était cela qui se faisait, car au moment où on le faisait, M. de C... ne devait rien à M. Collin.

Cette réflexion de ma part n'est pas oiseuse, car, plus loin, la Chambre me fait le *reproche d'avoir employé des fonds appartenant à mon client, M. Collin...*, cela serait vrai, si j'avais remis à M. de C... les 70,000 fr. avant ce transport, c'est pour cela qu'il faut de suite combattre l'erreur de l'expression de la Chambre des Avoués.

Cette somme a été remise à M° Laluyé....

C'est là une erreur bien tenace ; on voit bien que l'accusation parlait encore alors que la défense n'était plus là. Cela était nécessaire à l'argumentation de la Chambre, mais je ne laisserai pas dénaturer un seul fait, fût-il insignifiant.

Non, rien, rien ne saurait servir de base à cette assertion repoussée par la plainte, par le désistement, par la décharge générale et détaillée du 10 mars 1852, par la lettre de M. de C....., insérée ci-dessus ; comme elle se trouvait déjà dans le réquisitoire, j'ai écrit au notaire, et voici sa réponse en ce qui concerne le transport dont s'agit :

« Nous avons pris rendez-vous chez vous pour la signature ; j'ai fait lecture de l'acte, vous avez
» compté et délivré les fonds, devant moi, à M. de C.... qui en a lui-même vérifié le compte. »

N'est-ce point assez ? Voici une lettre de M. de C... :

23 mai 1852, Vévez : « Avez-vous bien compris.... .... lorsque j'ai donné à ma femme les
70,000 fr. Verrollot ? »

Cette lettre a passé cependant sous les yeux de la Chambre, puisqu'elle l'incrimine plus loin ; j'en pourrais citer dix où il dit : les 150,000 fr. que j'ai donnés à ma femme, etc.

« Que M. de C..... était en outre créancier du sieur Verrollot d'une somme de 10,000 francs.
» montant d'un billet qui paraît avoir pour cause une portion de prix qui ne figurait pas dans le
» contrat d'acquisition.
» Que ce billet fut remis au sieur Portevin, beau-père de M° Laluyé, qui devait en verser le
» montant entre les mains de Madame de C...., lorsque le remboursement en serait effectué, ainsi
» qu'il résulte d'une décharge du 28 janvier 1851 ; qu'enfin, pour compléter la somme de 150,000 francs.
» il devait être souscrit, au profit du sieur Portevin par le baron de C.... une obligation de 70,000 francs.
» avec affectation hypothécaire sur un domaine situé en Belgique et appelé le domaine de Huy, ainsi
» que le constate la correspondance de Madame de C.... avec M° Laluyé. »

Le billet de 10,000 fr. est un être imaginaire ;
Je n'ai pas vu qu'il en fût nulle part question.
Qui donc l'a inventé ?
Et dans quel but ! ! !
Mais, puisque la Chambre invoque ici le reçu du 28 janvier, il est temps de le produire.

Voici cette pièce :

« Me Laluyé m'a fait compte de la somme de 12,826 francs 35 centimes, montant d'une recon-
» naissance Verrollot, principal et intérêts, transportée à M. Portevin, et dont je n'avais pas reçu
» la valeur.

» L'autre valeur Verrollot échéant fin janvier prochain, également endossée à M. Portevin, qui
» n'en a pas fourni la valeur, appartient à Madame de C..... et c'est à elle que M. Portevin devra
» en faire compte.   » Baron de C.... »

Voilà pour le billet de 10,000 francs.

Maintenant, la correspondance invoquée pour prétendre qu'il devait être souscrit
au profit de M. Portevin une obligation de 70,000 fr., je défie qu'on la produise, car
il n'existe pas une lettre où il soit question de lui.

Cette nouvelle erreur de la sentence est facile à constater; je la relève pour ordre.

L'opération de M. Portevin, elle est racontée par M. de C.... lui-même dans sa
lettre; je n'ai pas besoin d'y revenir.

« Considérant que Me Laluyé s'est rendu en Belgique, porteur 1° d'une procuration en blanc de
» M. de C.... passée devant Me Daguin, notaire à Paris, à l'effet d'emprunter une somme de
» 70,000 francs ; 2° d'une procuration à lui donnée nominativement par le sieur Portevin, son beau-
» père, à l'effet d'opérer le prêt de 70,000 francs ; 3° enfin, d'une décharge en blanc de M. de C...
» qui devait être remise au mandataire qui concourrait à l'obligation. »

Personne ne sera surpris que mon beau-père, ayant à faire voyager 70,000 fr.,
m'en ait chargé.

Quant à la procuration de M. de C.... et à sa décharge, je n'avais, certes, aucune
raison de les refuser.

Mais voici encore une erreur : *décharge en blanc.*

La lettre du notaire, produite à la Chambre, prouve que cette décharge, sauf le
nom du mandataire, est entièrement écrite de la main de M. de C.. . — Même quand
ils sont insignifiants, il ne faut pas dénaturer les faits.

« Qu'à la date du 11 février 1851, et par acte reçu par Antonissen, notaire à Anvers, le sieur
» Vanderstuken, tailleur, au nom de qui la procuration de M. de C.... avait été mise, a reconnu
» avoir emprunté de M. Portevin, représenté par Me Laluyé, une somme de 70,000 francs qui a été
» comptée à la vue du notaire, et pour sûreté de laquelle il confère hypothèque sur le domaine de
» Huy ; mais qu'après la signature de l'acte, Me Laluyé a remis à Vanderstuken la décharge du baron
» de C.... en échange de la somme de 70,000 francs, qui a été remise audit Me Laluyé. »

Les fonds ont été réellement délivrés. Voilà qui est constant ; mais la Chambre voit un inconvénient, un fait reprochable dans la remise qui me fut faite par M. Vanderstuken, mandataire choisi par le notaire.

Fallait-il donc laisser ces 70,000 fr. à M. Vanderstuken, inconnu de M. de C.... et de moi?

Au surplus, M. Vanderstuken, ou plutôt le notaire, — car c'était à lui que le pouvoir avait été remis, comme cela se pratique d'habitude, — devait vouloir rendre compte de son mandat. Il fallait donc, suivant la Chambre, qu'il apportât l'argent lui-même à Paris pour retirer sa décharge.

Je demande la permission de ne pas croire à cette nécessité.

« Considérant qu'à la suite de nouvelles mésintelligences, survenues entre les époux, et d'une
« plainte en adultère formée par le mari, M⁰ Laluyé, *après avoir été le conseil du baron de C.... s'est
« chargé des intérêts et de la défense de la femme.* »

Madame de C.... m'avait appelé près d'elle à sa prison. Je crois avoir accompli un devoir en concourant à préparer sa défense.

M. le baron de C.... avait pris un autre conseil..... Il était, dit le réquisitoire, *éclairé* par de nouveaux conseils. — J'étais bien libre de prendre la défense de sa femme.

Il faut bien que je n'aie pas eu tout-à-fait tort, puisque le mari, aussitôt l'arrangement, est venu réclamer à son tour mes conseils, ce qu'il fait encore aujourd'hui avec l'approbation de sa mère, au grand scandale de la Chambre des Avoués, qui m'en fait un grief plus loin, et trouve qu'en cela j'ai encore compromis ma dignité.

« Que le baron de C.... après une sommation faite à M⁰ Laluyé de lui rendre compte du mandat
« dont il avait été chargé et des actes faits en son nom, a adressé au mois de décembre 1851, à
« M. le Procureur général, une plainte contre M⁰ Laluyé, à raison du refus que faisait ce dernier
« de lui rendre compte des pouvoirs qui lui avaient été donnés et des fonds qu'il avait touchés;
« Que devant la Chambre, par suite du renvoi qui lui a été fait de cette plainte, M⁰ Laluyé pour
« sa défense a excipé : 1° d'une autorisation à lui donnée par le baron de C.... de remettre à la dame
« de C.... la somme de 67,264 francs, montant, déduction faite des frais et honoraires à lui dus,
« de l'obligation consentie au profit de M. Portevin; 2° d'une décharge de la même somme qui lui
« a été donnée par la dame de C.... »

Et ces pièces ont-elles été contestées par M. de C....?

N'a-t-il pas, au contraire, reconnu qu'il n'avait porté plainte que pour les faire produire?

Pourquoi donc ne pas le dire ici?

Dans les questions de dignité, cela n'est pas inutile.

« Que dans les développements écrits de sa plainte, le baron de C... a articulé que l'obligation
» passée devant le notaire d'Anvers n'avait rien de sérieux, que les fonds n'avaient pas été fournis
» par le sieur Portevin; que ceux qui avaient été comptés à la vue du notaire, n'étaient autres que
» ceux provenant de l'emprunt Collin qui avaient été confiés à M⁰ Laluyé pour être remis à la dame
» de C.... et avaient servi à constater la numération d'espèces pour la validité extérieure de l'acte :
» qu'il signalait comme rendant invraisemblable la sincérité de l'acte, les circonstances suivantes, à
» savoir : 1° que la propriété de la terre de Huy n'avait qu'une valeur de 130,000 francs; 2° qu'elle
» appartenait pour moitié à la comtesse de B...., sa sœur, et à lui; 3° qu'elle était grevée d'usu-
» fruit au profit de Madame de C.... mère. »

M. de C...., dans sa lettre, explique lui-même dans quelles circonstances il signa
ces développements écrits, —écrits d'une autre main que la sienne. —Il dit dans quel but
ce document a été produit. La preuve qu'il dit vrai résulte du texte même de cette
pièce.

Voici comment elle commence :

Etranger à toute discussion judiciaire, je crains de n'avoir exposé qu'imparfaitement le motif
et le but de ma plainte contre M⁰ Laluyé.

Et plus loin il ajoute :

Qu'il n'eût jamais songé à revenir contre les donations faites à sa femme, si, suivant lui, il n'eût
pas eu de nouveaux sujets de plainte, et il termine : « Quant à l'obligation (celle d'Anvers et au
billet Verrollot de 12,000 francs, j'entends les faire annuler ...... J'appelle M⁰ Laluyé devant la
Chambre ,*afin qu'elle recueille ses déclarations.*

C'est qu'en effet toute cette affaire, devant la Chambre des Avoués, n'était qu'un
subterfuge imaginé par des gens que je pourrais d'un mot flétrir comme ils le méritent, afin de me faire révéler des secrets de mon cabinet, à l'encontre de ma
cliente Madame de C....

Voilà pour la confiance que méritent ces développements.

Maintenant, quant aux 70,000 fr. de l'emprunt Collin, il est constant qu'ils ne
m'ont pas été remis.

Pour la propriété de Huy, elle vaut 150,000 fr...., et il n'est pas exact de dire
qu'elle n'appartient que pour moitié à M. de C... — La Chambre des Avoués a encore
ici mal lu le document qu'elle invoque ; voici ce qu'il dit sur ce point :

« Elle ne m'appartient (la terre de Huy) que pour moitié, vu que la comtesse de B........ ma sœur,
» a une hypothèque de vendeur sur cette terre. »

Voilà ce qu'il y a....... A moins que pour la Chambre une hypothèque ne soit la même chose qu'une co-propriété indivise!

Maintenant l'acte d'emprunt constate que la propriété appartient à M. de C....., moitié comme en ayant hérité de son père, et moitié comme acquéreur de Madame sa sœur.

L'usufruit n'est pas une charge bien grave; Madame de C... sa mère, a soixante-quinze ans; et au surplus, M. de C.... possédait alors pour plus de 200,000 francs d'autres immeubles en Belgique.

« Considérant toutefois qu'à la suite d'explications contradictoires et à la date du 22 février 1852,
» le baron de C.... a fait remettre à la Chambre, par Me Laluyé, copie d'un désistement de sa plainte
» qu'il avait adressé à M. le Procureur général; mais que la Chambre reste saisie de l'action disci-
» plinaire par suite des réquisitions du syndic;

» Considérant que les faits et circonstances de cette affaire ne sont pas de nature à rendre vraisem-
» blable la sincérité du contrat de prêt; qu'ils constituent au contraire un ensemble de présomptions
» graves, précises et concordantes qui révèlent tous les caractères de la fiction. »

Encore une petite erreur. Ce n'est pas moi qui ai remis à la Chambre la copie du désistement de M. de C....; on sait d'ailleurs maintenant si je l'ai sollicité ce désistement; mais il faut convenir qu'il est heureux qu'il soit venu, autrement si l'accusation avait pu avoir pour auxiliaire M. de C...., que serais-je devenu, grand Dieu !.....

Je frémis quand j'y pense! car, on peut le remarquer, pour le syndic, pour la Chambre, ce que j'avance, ce que je prouve, n'est pas vraisemblable.

Elle a toujours à l'encontre une supposition qui le suspecte gravement.

Elle voit même des circonstances graves, précises et concordantes, qui révèlent le caractère de la fiction...... Elle veut juger en l'absence des parties qui, d'ailleurs, ne lui donnent pas juridiction.

» Qu'ainsi, Mme de C..... réclame à plusieurs reprises, dans *sa correspondance*, la constitution d'un
» hypothèque à son profit, sous le nom d'un tiers, pour les 70,000 fr. qui forment le complément de
» 150,000 fr

C'est la répétition d'une erreur.

Ceci m'oblige à dire que je défie qu'on indique cette lettre.

« Que l'acte qui confère une hypothèque à M. Portevin est à la date du 11 février 1851, quelqu. .
» jours après le versement fait aux époux de cette somme de 70,000 fr., par suite de l'emprunt par eux
» fait le 1er février ;
» Que le bénéficiaire de l'obligation est M. Portevin, qui a déjà consenti à agir comme prête-nom.
» ainsi qu'il résulte *notamment* de la décharge du 22 janvier 1851. »

Ce grand mot de prête-nom est un fantôme qu'on évoque trop souvent. On connaît le reçu du **28 janvier** ; je l'ai transcrit ci-dessus. Il faut remarquer, d'ailleurs, que les billets n'étaient pas transmissibles par voie d'ordre. L'endos n'était qu'un mandat de recevoir.

Le mot *notamment* est de trop, car je défie qu'on indique un seul document d'où l'on puisse faire résulter que M. Portevin a été le prête-nom de M. de C....—Après cela il s'agit peut-être encore du fameux billet de 10,000 francs ! ! !....

« Qu'*il est constant* que l'abandon par le baron de C...., au profit de sa femme, d'une somme de
» 150,000 fr., avait pour cause, soit d'accomplir la condition que la femme mettait à une réconcilia-
» tion, soit de constituer une libéralité de la part du mari en faveur de la femme. »

C'est constant pour la Chambre, soit.... Mais cela, je le déclare, n'est pas constant pour moi ; je pourrais établir que cela n'est pas exact, mais c'est inutile à ma défense. Et puis laquelle des deux hypothèses est-elle constante ?....

« Qu'il n'est pas *probable* que Me Laluyé, *consommé en affaires*, connaissant tous les secrets des
» époux et les détails d'une position qu'il avait été chargé de créer, ait conseillé à son beau-père de
» prêter une somme aussi importante avec l'affectation hypothécaire d'un immeuble situé à l'étranger.
» et qui se trouve dans les conditions déterminées par la plainte du baron de C ... »

Le vrai peut quelquefois n'être pas vraisemblable.
Mais pourquoi n'est-ce pas vraisemblable ?
Je connais les secrets des époux !
Quel secret , et en quoi ce secret aurait-il pu m'empêcher de conseiller ce placement ?
Quant à la condition de l'immeuble déterminée par la plainte, on a vu que la plainte ne parle pas de cet immeuble. C'est seulement dans ce qu'on appelle les développements écrits qu'il en est question ; et je viens de prouver tout à l'heure qu'ils ne disent pas ce que la Chambre y a vu.
On sait aussi que cet acte contenait l'obligation solidaire de M. et Mme de C....
Je crois, tout bien considéré, que j'ai pu conseiller ce placement sans compromettre

ma réputation *d'homme consommé en affaires*, en tous cas sans compromettre ma dignité, soit personnelle, soit professionnelle.

« Que vainement Mᵉ Laluyé a objecté que M. de C. offrait une solvabilité personnelle suffisante en
» présence de laquelle il aurait prêté ou fait prêter sur simples billets; que cette objection est en con-
» tradiction avec les autres *points de sa défense* et la correspondance de Madame de C..... mère,
» produite par lui et qui représentent le baron de C..... comme un homme prodigue et de mœurs peu
» régulières, qu'il fallait soustraire à ses entraînements et dissipations dans l'intérêt de sa femme et de
» ses enfants. »

Oh ! je sais bien que c'est en vain que j'objecte; certes, la délibération tout entière l'établit suffisamment.

Mais une supposition, un doute, peuvent-ils détruire un fait authentiquement constaté?

Qu'est-ce donc qui, en cela, est en contradiction avec les autres points de ma défense; lesquels? car, enfin, il faut bien que je le sache pour y répondre.

Il faut aussi ne pas confondre les dates.

J'ai, en effet, produit à la Chambre des lettres de Madame de C.... mère; c'était pour établir que, lors de sa plainte, M. de C ... était sous des influences détestables; mais, à supposer que ces lettres représentent M. de C..... comme un homme prodigue, en quoi cela peut-il ici servir d'argument? Ces lettres sont des 16 octobre 1851 et 19 janvier 1852, c'est-à-dire huit mois et un an après le prêt d'Anvers; comment auraient-elles pu me détourner de conseiller ce prêt?

Et puis, pense-t-on que M. de C... me les eût communiquées à cette époque?

Mais, on le sait, c'était en vain que j'objectais !...

« Considérant, d'un autre côté, que tous les documents de l'affaire tendent à établir, que le sieur
» Portevin, qui avait déjà consenti à servir de prête-nom pour le recouvrement des valeurs Verrollot,
» n'avait pas en sa possession les fonds nécessaires pour faire le prêt ; »
» Qu'en effet, suivant jugement du Tribunal de Versailles, du 1ᵉʳ février 1849, il s'était rendu adju-
» dicataire d'un immeuble situé à Rueil, moyennant le prix principal de 40,000 fr. »

Une fois dans la voie des suppositions, il faut faire comme pour les galons, on n'en saurait trop faire !!.... — En raisonnant comme la Chambre, il ne serait pas probable non plus, que M. Portevin eût acheté la maison de Rueil, puisque, suivant elle, il n'avait pas le moyen de la payer.

Pour cet achat et pour le prêt, il répond comme le philosophe, à qui on niait le mouvement : J'ai prêté, voilà l'acte qui le constate, les fonds ont été versés.......

J'ai acheté, vous citez vous-même le jugement d'adjudication.

« Qu'à une époque contemporaine du prétendu placement de 70,000 fr., le sieur Portevin, em-
» pruntait des héritiers Collin la somme suffisante pour rembourser à un créancier inscrit sur l'im-
» meuble par lui acquis, une somme de 28,000 fr., et qu'il restait débiteur du surplus du prix ; que
» cet emprunt, effectué aux termes d'une quittance sous seings-privés, qui, d'après les informations
» prises, paraît remonter au mois de décembre 1850, a été régularisée par acte notarié du 6 oc-
» tobre 1851, devant Me Hubert, notaire à Paris, au profit des héritiers Collin *qui ont consenti une pro-*
» *rogation de délai ;* que Me Laluyé, interpellé sur ce point, s'est refusé à établir, à l'aide de quels fonds
» aurait été fait le prêt de 70,000 fr. »

M. Portevin n'a pas à justifier de sa fortune à la Chambre des Avoués ; mais ce
paragraphe, qui n'a d'autre but que de jeter des doutes sur l'ensemble de ma conduite, me paraît nécessiter de ma part une réfutation. Et d'abord, à l'époque dont on
parle, M. Collin n'avait pas d'héritiers ; il n'est mort que huit mois plus tard.—Ensuite, il ne faut pas croire que cette opération des 28,000 fr. ait été faite dans l'intérêt de
M. Portevin ; c'est une erreur complète, on va le voir. Les 100,000 fr. de M. Collin
n'étaient exigibles qu'en 1852 ; mais en novembre 1850 on voulut le rembourser, on
lui fit des offres que je dus accepter comme son mandataire.

Pour éviter une perte d'intérêts, il fallait replacer au plus vite. C'est alors qu'un
créancier, inscrit en premier sur la maison de Rueil, ennuyé d'attendre le résultat de
l'ordre qui ne s'est terminé qu'en 1852, s'adressa à moi. J'acceptai un transport de
sa créance en faveur de M. Collin. C'était un placement immédiat et sûr, ce qui est
bien quelque chose. — Ensuite M. Collin aurait, au règlement de l'ordre, un bordereau dont il userait suivant sa convenance, en 1852.

Pour éviter des frais, et le créancier cédant étant d'une solvabilité bien connue, on
ne fit provisoirement qu'un acte sous seing-privé ; mais M. Collin étant mort depuis,
après avoir approuvé ce placement, l'acte a été réalisé au profit de ses héritiers.

Voilà le mot de la prorogation ; c'était l'exécution de conventions faites dans l'intérêt de M. Collin.

Quant à M. Portevin, il n'a pu payer son prix qu'après le règlement de l'ordre, en
1852 : les dates ne peuvent être contestées, ce sont des actes judiciaires........ C'est en
vain qu'on tente de donner une autre couleur à cette affaire, il faut subir la vérité.

« Que pour prouver la réalité de ce prêt, Me Laluyé excipe, 1° d'un arrêté de compte signé par le
» baron de C..., à la date du 10 mars 1852, c'est-à-dire au cours de l'instruction disciplinaire. »

Il n'y a pas, il n'y a jamais eu de compte entre M. Portevin et M. de C...

J'ignore de quel arrêté la Chambre entend parler ; il est sans doute de la famille des correspondances et du billet de 10,000 fr. dont on a parlé plus haut.......... C'est une ingénieuse invention.

Au cours de l'instruction disciplinaire.....

Pourquoi encore cette insinuation?

A quelle autre époque aurais-je pu réclamer ces pièces?

Qui les avait rendues nécessaires?

Il me semble que c'est lors d'une instruction qu'il faut réunir les moyens de la défense.

« 2° D'une lettre écrite par la poste, à la même date, par le baron de C..., et par laquelle s'excusant » du retard dans le paiement des intérêts du capital qu'il lui doit, il lui annonce qu'il vient de déposer » à M⁰ Laluyé, son gendre, la somme de 3,500 fr. pour les intérêts échus le 11 février 1852.

« Considérant que les termes de cette lettre écrite le jour même de la décharge, le *mode d'envoi* qu'on » a cru devoir employer, révèlent une précaution excessive propre à faire révoquer en doute l'exacti- » tude des faits allégués :

« Qu'en effet, M. Laluyé occupe la maison de campagne de Rueil, avec son beau-père qu'il voit tous » les jours ; que si le baron de C.... croyait devoir des excuses au sieur Portevin qu'il n'a connu que » par l'intermédiaire de M⁰ Laluyé, il n'était pas nécessaire de les lui adresser par une lettre mise à la » poste, alors que les fonds auraient été confiés à M⁰ Laluyé, qui devait devancer la lettre et pouvait se » charger de présenter les excuses en même temps qu'il aurait remis l'argent ; que cette lettre avait » donc moins pour but de donner l'explication du retard pour le passé et la promesse de plus d'exacti- » tude pour l'avenir, que de donner des apparences de sincérité à une opération que les circonstances » rendent peu vraisemblable, et qui était déjà suspectée. »

Ainsi, voilà une lettre écrite par M. de C...; il faut l'écarter cette lettre; elle a été écrite le jour de *la décharge.*

Et pourquoi pas le jour de la décharge?

Mais cette lettre tracasse encore la Chambre des Avoués, pourquoi l'écrire? *M⁰ La-luyé devait arriver avant elle ; il habite la maison de Rueil avec son beau-père! C'est une précaution excessive propre à faire révoquer en doute....*

Voilà, certes, qui est bien raisonné !

Une réflexion cependant.

Est-ce qu'au 10 mars il y a beaucoup de Parisiens installés à la campagne ?

J'y vais toujours de très bonne heure, la santé de ma femme l'exige ; mais je vois par mes quittances de déménagement que ce n'est jamais avant le mois de mai. .....

Comment concilier cela avec l'appréciation de la Chambre? Je ne m'en charge pas.

Mais parlons sérieusement. Au lieu d'être éternellement dans les suppositions , restons dans le vrai. La vérité, comme toujours, est très simple, et la voici :

Dans le monde , on admet difficilement l'idée que des poursuites disciplinaires soient intentées sans aucune espèce de fondement.

Le fait est rare en effet, mais il s'est vu. Récemment, la Cour suprême cassait sans renvoi une décision de la Chambre des Avoués, qui infligeait aussi l'interdiction de l'entrée de la Chambre pour un fait qui a été jugé, par la Cour de cassation, n'être que l'exercice d'un droit légitime et d'ordre public.

On s'était affecté dans ma famille des poursuites de Mᵉ Tartois, syndic.

Une lettre de M. de C ..., venant par la poste, ne laissait plus place au doute sur le fondement des poursuites dont j'étais l'objet.

Voilà le grand secret de cette lettre, écrite, je l'avoue, à ma sollicitation.

L'opération était suspectée ?... Par qui donc ?.....

Par la Chambre des Avoués ! M. Portevin n'a , Dieu merci , pas de comptes à lui rendre, et il n'aurait nul besoin d'inventer des apparences pour elle.

Quant à moi, tout consommé en affaires qu'on me proclame, j'avais la naïveté de ne pas croire à la possibilité d'une poursuite contre moi. Je ne supposais pas que la Chambre pût jamais s'associer aux intentions de Mᵉ Tartois.

Il faut bien que la chose ait été un peu difficile, car l'instruction a duré plus de six mois, et pendant trois mois je n'en ai entendu parler d'aucune façon.

Pourquoi donc aurais-je pris des précautions? et pourquoi faire? Car , à supposer même que le prêt fût fictif, où serait le mal !!

Mais j'avais le droit d'exiger de M. de C.... deux choses : qu'il me mît à même de rassurer ma famille, et d'éclairer nos amis communs, car on sait qu'il existait des relations de société entre M. de C.... et moi, et cette affaire y avait transpiré. —J'ai demandé qu'il écrivît la lettre à M. Portevin , et qu'il fît un désaveu explicite de la plainte.

Ce sont les pièces dont il est ici question, et c'est le cas même de transcrire ce désaveu :

Suivant acte reçu devant Mᵉ Antonissen , notaire à Anvers (Belgique), le 11 février 1851, M. le baron de C.... et Mᵐᵉ la baronne de C..., représentés par M. Vanderstuken, leur mandataire spécial à cet effet , ont emprunté de M. Portevin une somme de 70,000 fr., avec affectation hypothécaire sur le château de....., à Huy ; d'un autre côté , M. le baron de C... avait remis à Mᵉ Laluyé une décharge desdits 70,000 fr., à l'effet de recevoir en Belgique cette susdite somme des mains du mandataire de

M. et Mme de C....., de les rapporter à Paris : ces instructions de M. de C ... avaient été exactement remplies par Me Laluyé, qui lui avait fait compte de ladite somme, mais à qui il n'avait pas personnellement donné reçu , cela ayant été considéré comme inutile, et faisant double emploi avec la décharge de Vanderstuken.

Toutefois , et dans ces derniers temps, et par des raisons qu'il est inutile de rappeler ici , M. de C... crut devoir faire à Me Laluyé, par le ministère d'un huissier , — sommation de lui rendre compte des divers mandats dont il l'avait chargé , et notamment de la somme de 70,000 francs, par lui touchée ainsi qu'il vient d'être dit de M. Vanderstuken.

Me Laluyé n'ayant pas cru devoir répondre à cette sommation, M. le baron de C.... s'est adressé à M. le Procureur général près la Cour d'appel de Paris. Ce magistrat renvoya cette plainte devant la Chambre des Avoués où les parties comparurent contradictoirement. Me Laluyé donna des explications à la suite desquelles M. de C.... s'empressa de déclarer qu'il n'avait jamais entendu faire supposer que Me Laluyé eût conservé ladite somme de 70,000 francs , qu'il savait bien qu'elle avait été employée conformément à ses intentions, mais que son but était de faire exhiber la décharge que Me Laluyé avait dû retirer , afin de tirer de cette pièce tel argument qu'il appartiendrait contre Madame de C. .. à laquelle, suivant ses ordres, cette somme avait été comptée comme il vient d'être dit.

L'affaire n'ayant pas d'autre but ne pouvait après ces explications avoir d'autres suites.

En conséquence , M. le baron de C.... adressa à M. le Procureur général un désistement de sa plainte contre Me Laluyé, en déclarant qu'il n'avait jamais entendu mettre en doute la parfaite honorabilité de cet officier ministériel.

Néanmoins, Me Laluyé a pensé qu'après une pareille affaire, il était convenable que M. de C.... lui donnât personnellement une décharge de la somme susdite ainsi que des divers mandats dont il avait pu se charger. M. de C.... s'est empressé de déférer à ce désir.

En conséquence , il donne à Me Laluyé pleine et entière décharge de toutes sommes ou valeurs qu'il a pu lui déposer aussi bien que des mandats dont il l'a chargé, et notamment du mandat de retirer des mains de M. Vanderstuken la somme de 70,000 francs qu'il a empruntée de M. Portevin par l'acte devant Antonissen , notaire à Anvers, le 11 février 1851 , reconnaissant que cette susdite somme a été par lui remise à Madame la baronne de C...., en exécution du pouvoir qu'il avait donné à cette dame de la retirer et pour la couvrir d'autant sur ces sommes qu'il avait touchées pour elle en Angleterre.

» Paris, le 10 mars 1852 : Baron de C..... »

« Considérant, qu'en admettant que le prêt ait été réellement fait, Me Laluyé n'en aurait pas moins » compromis son caractère et sa responsabilité. »

Ainsi, il n'y a pas moyen d'échapper !! Si le prêt est fictif, j'ai encouru un blâme, s'il est réel, je suis également répréhensible ; voyons comment cela, c'est bon à savoir !

« Qu'en effet, il aurait aidé de ses conseils les époux de C..... dans l'accomplissement d'actes qui » avaient pour objet, dans les circonstances sus-indiquées, de dessaisir le mari d'un capital de 150,000 fr.,

» pour le remettre, sans qu'il en restât trace, aux mains de la femme qui, frappée d'incapacité par la
» loi , pourrait en disposer au mépris de l'autorité maritale dont on paralysait l'action par l'emploi de
» prête-nom. »

J'ai aidé de mes conseils dans l'accomplissement d'actes.

Quels actes? Il n'en a été fait aucun ; mais les actes qu'on dit, eussent-ils été faits, où serait le mal?

Ces actes auraient-ils eu pour but une fraude?

Mais M. de C... est majeur, il aurait pu donner toute sa fortune s'il eût voulu.

Que la Chambre ait la prétention de créer des limites à l'action des avoués..... soit, mais à la liberté des personnes, à leur capacité, c'est vraiment un peu fort!

De quelle incapacité Mme de C... est-elle frappée par la loi?

Moi, je n'en connais qu'une, celle d'ester en justice ; car, voici un petit document dont la Chambre des Avoués ne tient pas assez compte, et qui cependant mérite d'être pris en considération : c'est le contrat de mariage des époux de C....

Art. 1er. Les époux seront séparés de biens.

Art. 2. En conséquence, les futurs époux jouiront divisément de tous leurs biens meubles et immeubles, et la future épouse aura l'administration de tous ses biens meubles et immeubles, la libre disposition de son mobilier corporel et incorporel.

Par l'emploi de prête-nom. — Encore.... mais si le prêt est réel, il n'y a pas de prête-nom.

« Que c'était, à l'aide de semblables combinaisons tracées et réalisées par Me Laluyé, commettre une
» fraude à la loi et préparer un préjudice possible pour les enfants et pour le mari lui-même; qu'en
» vain, objecte-t-on, que cette opération avait pour but, soit de couvrir la femme de prétendues re-
» prises qu'elle aurait eu à exercer, soit de constituer une libéralité par don manuel. »

Encore une fraude à la loi, mais à quelle loi?

Je sais bien que ce mot fait de l'effet.

Mais cela ne saurait suffire, —car en pareil cas, il ne saurait y avoir rien de répréhensible, même à ne pas exécuter la loi.

La loi confère au mari l'autorité maritale, mais il n'est pas coupable en la laissant sommeiller.

Combien de gens laissent tomber cette autorité en quenouille, et qui ne sont pas réputés coupables pour cela !

Quant aux prétendues combinaisons tracées et réalisées par moi, je m'en réfère à la lettre de M. de C....

Comme conseil, et d'après mon appréciation, j'ai détourné mes clients de l'idée de faire des cessions, des transports et des obligations, parce qu'ils n'eussent été que fictifs.

Si M. de C.... a remis des sommes à sa femme, il en avait le droit, et je ne saurais avoir à m'en défendre

« Que rien d'une part n'établit aucune cause de reprise en faveur de la femme ; que de l'autre » y eût-il en réalité des reprises à exercer, les actes devaient rester sans résultat utile ; qu'il n' » aurait pas eu libération régulière pour le mari ; que pour parvenir à cette libération, il aurait » fallu au moins prouver la légitimité des reprises, constater le fait de la libération par des actes » sérieux, *et assurer le sort du capital en ne la mettant pas à la discrétion de la femme.* »

Rien n'établit....

Faut-il donc répéter que cela regarde les époux !

Assurer le sort du capital...

Ah ! vraiment, c'était mon devoir !

J'avoue que je ne m'en étais pas douté !...

Mais comment faire ?

Et le contrat de mariage qui investit la femme de la disposition de ses biens ; il fallait le faire réformer alors ..

Ceci s'élève à des hauteurs de science que je n'ai jamais pu atteindre.

« Que si le don manuel est permis, ce n'est qu'à la condition que, pas plus que les autres actes de » libéralité, il n'excédera pas la quotité disponible ; que la marche suivie et les actes faits ne pouvaient » constater ni une libération ni une libéralité permise ; que les moyens employés devaient, au » contraire, ne laisser aucune trace et mettaient les enfants dans l'impossibilité soit d'établir une li- » bération, si des causes de reprises existaient, soit de constater une libéralité et d'en faire déterminer la » quotité ; qu'un officier ministériel ne doit jamais donner ses conseils pour créer une semblable » position, qui est pleine d'inconvénients et de dangers. »

Il faut dire cela à M. de C.... qui a fait le don, à Mr G. ..., notaire, qui l'a conseillé.

Mais quelle est donc la quotité disponible d'un homme vivant ? comment la supputer ?

Je croyais, moi, qu'un homme majeur peut disposer de tous ses biens.

La transmission qu'il en fait, même par donation, est si réelle, qu'en cas de réduction on ne rapporte les fruits que du jour du décès.

« Que Me Laluyé ne s'est pas borné à donner ses conseils, mais qu'il *a eu le tort plus grave* » *de concourir par lui-même ou par son beau-père à l'accomplissement des actes qui lui sont reprochés,* » *en réunissant entre ses mains les pouvoirs de toutes les parties, et en employant les fonds apparte-* » *nant au sieur Collin dont il était le mandataire.* »

J'ai concouru par mon beau-père....

D'après cela, le beau-père d'un avoué ne peut faire de placement, ou au moins il ne faut pas que son gendre s'en occupe.

C'est une nouvelle incapacité ajoutée à celles inventées par la **Chambre des Avoués**. Mais voici venir une insinuation.

Je ne comprends pas bien, je l'avoue, comment les torts qu'on me prête : « d'avoir » concouru par moi-même ou par mon beau-père à l'accomplissement des actes de » M. et Mme de C.... » Comment ces torts peuvent s'aggraver encore du fait d'avoir » employé les fonds appartenant à M. Collin dont j'étais le mandataire. »

J'ai déjà repoussé cette accusation plus haut, mais j'éprouve le besoin d'y revenir.

M. Collin, hélas, il n'est plus ! mais pour savoir ce qu'il penserait, s'il lisait la délibération de la Chambre des Avoués, il faut que je transcrive deux documents qui établiront la nature des pouvoirs qu'il m'avait conférés.

Voici une lettre de Me Daguin, son notaire :

Je me rappelle parfaitement que, lorsque notre malheureux client M. Ernest Collin est parti pour le voyage dont il ne devait pas revenir, il m'a prié (quelques jours avant son départ) de passer chez lui, désirant causer avec moi de ses affaires. Je m'empressai de me rendre à son désir, et il me dit les liens d'amitié et de confiance qui l'unissaient à vous, et sa volonté de vous laisser une procuration générale pour le représenter dans toutes ses affaires, procuration qu'il m'a recommandé de faire aussi large que possible, attendu, me dit-il, *qu'il avait confiance en vous comme en lui-même.*

Au surplus, j'ai appris à connaître depuis, par suite des rapports que j'ai eus avec vous, que cette confiance était tout à fait justifiée, car tout ce que vous avez fait au nom de votre mandant a toujours été marqué au coin de la plus parfaite prudence et d'une délicatesse à toute épreuve.

Je me plais à vous rendre ce témoignage qui est l'expression bien sincère de ma pensée.

Maintenant, voici une lettre de M. Collin lui-même :

Rome, 3 janvier 1851.

Je te remercie bien, mon ami, de l'ennui que je te cause avec mes affaires d'intérêt et de la peine que tu prends ; je ne puis que t'en être reconnaissant et te répète ce que je t'ai déjà dit, *que tout ce que tu fais est bien fait.* Pendant que nous traitons ce sujet, fais-moi le plaisir de placer également ce que tu as de disponible, etc.

M. Collin avait près de lui toute sa famille. Il ajoutait en finissant : « Tout mon » monde va bien ; nous parlons souvent de toi. »

Cela suffit, je pense, pour ce qui est de M. Collin.

Mais puisque c'est un tort pour la Chambre des Avoués, et qu'elle le dit, je veux bien.

Examinons cela avec elle.

Voyons, pourquoi serait-ce un tort ?

Est-ce qu'il ne fallait pas replacer l'argent de M. Collin ? mais il le voulait ! Le mandataire doit exécuter les volontés du mandant.

Est-ce que le prix des Cartharins n'appartenait pas à M. de C.... ?

Est-ce que M. de C...., majeur, n'avait pas le droit de le transporter ?

Si M. Collin voulait faire un placement !

Si M. de C.... voulait faire un transport et en avait le droit.

Pourquoi donc ces deux intérêts n'auraient-ils pu s'entendre même par mon intermédiaire ?

Le placement est-il mauvais ?

On a vu que ce placement est excellent.

Évidemment, ce n'est pas pour ces raisons que j'ai pu avoir tort.

Mais, j'y songe ; peut-être la pensée de la Chambre est-elle cachée dans des questions assez étranges qui m'ont été faites par le syndic, après les débats.

Voyons... voici trois de ces questions ; je copie, comme toujours :

« Quel emploi a été fait des 12.500 fr. touchés par M. Portevin, le 15 janvier, 1852, comme porteur du billet Verrollot ?

» Quelle est la décomposition de la somme de 22,000 fr. dont M. de C.... se reconnaît débiteur envers Mme de C...., par arrêté de compte du 23 mars 1852 ?

» Quels honoraires avez-vous reçus de M. de C...., pour toutes ces affaires jusqu'à ce jour ! »

Comment s'expliquer que la Chambre veuille connaître les affaires des époux de C...., qui ne l'en chargent pas ?

C'était me convier à une indiscrétion.

Que faisait à la Chambre le chiffre de mes honoraires ? car c'est là question de client à conseil ou mandataire.

Quel rapport donc ce fait ou ce chiffre pouvait-il avoir avec ma dignité personnelle ou professionnelle ?

Car une vilaine action est une vilaine action, et le prix qu'on y met ne peut en aucune façon en changer le caractère.

On n'est pas moins indigne si on reçoit 100,000 fr. que si on se contente de 500 fr.

Un vieillard honorable, que j'ai pris l'habitude de consulter dans les circonstances un peu graves de ma vie, me voyant me creuser la tête pour trouver le sens caché de ce reproche, se mit à réfléchir à son tour :

Oh ! rappelez-vous, me dit-il, ces mots du préambule de la délibération : *esprit de gain ;* rapprochez-les de la seule question qu'il faille voir ici, car elle les résume toutes : *combien avez-vous reçu d'honoraires ?* Eh bien! tout cela, en français vulgaire, veut dire que vous n'avez été mû, dans cette affaire, que par *un esprit de gain,* que vous avez stipulé un pot-de-vin pour les fonds que vous procuriez ! !

La supposition d'un homme aussi sage mérite à coup sûr qu'on y réponde.

On connaît déjà ce que dit à ce sujet M. de C.... Voici maintenant la lettre de Madame de C.... ; elle me dispensera d'une autre dénégation.

Monsieur, je viens de lire la sentence de votre Chambre des Avoués, le projet de Mémoire en réponse, que vous m'avez communiqué, et, véritablement, je suis, après cette lecture, tout attristée. Comment, est-il possible, Monsieur, qu'on ait pu ainsi dénaturer les faits, et altérer le caractère des relations que vous avez eues avec nous, comme notre avoué et notre conseil ?...... Mais c'est plus qu'au temps où on disait : Donnez-moi deux lignes d'écriture d'un homme, et je le ferai pendre...... Il est deux points surtout sur lesquels vous me permettrez, j'espère, d'apporter mon témoignage...... (Le premier point, il en sera question plus loin.)

Est-ce qu'il est possible véritablement qu'on ait osé mettre en question votre désintéressement ? Vous pouvez, sur ce point, invoquer mon témoignage. — Ma réponse est fort simple, et tous les honnêtes gens l'apprécieront : non seulement il n'a jamais été question entre vous et M. de C.... ou moi, de rien qui ait trait à vos frais et honoraires, ni directement ni indirectement; mais, encore, j'affirme que, lorsqu'après la conclusion des arrangements arrêtés entre mon mari et moi, j'ai voulu connaître le chiffre de ce que je pouvais vous devoir, vous n'avez voulu donner que le compte de vos déboursés, laissant à mon appréciation de fixer le chiffre de vos honoraires. Il n'est pas possible que jamais personne, même M. de C...., lorsqu'il était sous les influences de....., ait jamais pu articuler quelque chose de contraire à cela. Lorsque, l'année suivante, j'eus à régler avec vous les honoraires que je vous devais pour votre si loyal concours dans les affaires qu'avaient suscitées....., je vous ai retrouvé le même.

Et il résulte du compte que j'ai rendu aux héritiers Collin que je n'ai pas voulu recevoir un centime d'honoraires pour les soins que j'avais donnés à ses intérêts ; — cela a été compris par sa famille, qui savait qu'il était mon ami intime encore plus que mon client. Cela suffit, je pense, je reprends la sentence.

« Qu'agir ainsi, ce n'est pas donner, en jurisconsulte éclairé et prudent, des conseils sages en pré-
» sence d'une difficulté née et d'un intérêt légitime à protéger, mais bien créer aux parties une position
» que le caprice seul leur fait rechercher, et préparer des affaires et des difficultés qui compromettent
» à la fois l'intérêt des familles, le caractère et la responsabilité de l'officier ministériel. »

Ceci nous ramène à l'étendue du cercle qui est laissé à l'avoué; je n'ai pas besoin d'y revenir. Et comme les difficultés dont parle la Chambre sont encore à l'état de suppositions gratuites, je n'ai pas besoin de les réfuter.

7

Mais quand bien même on donnerait des conseils pour créer une position que le caprice seul fait rechercher !

Est-ce qu'il est défendu aux gens qui en ont le moyen de satisfaire même à leurs caprices ?

Par quelle loi donc ?

A ce compte, l'avoué ne serait pas un jurisconsulte et un conseil , il devrait être juge de l'intérêt du client, lui mesurer son action ; ce serait une sorte de tuteur officieux, et il serait lui-même en tutelle, car si ce qu'il aurait trouvé raisonnable paraissait à la Chambre des Avoués un caprice, il tomberait sous l'application de sa doctrine disciplinaire.

Cet état de choses est peut-être très désirable.

Mais la loi ne l'a pas encore établi.

Il faut attendre!

« Considérant que M⁰ Laluyé a encore compromis sa dignité par la conduite qu'il a tenue depuis » l'instruction de la plainte , et l'accomplissement des actes de ratification et de décharge *qui parais-* *» sent avoir en pour but de détruire les effets de cette plainte.*

» Qu'après avoir été le conseil du mari d'abord, des deux époux ensuite, puis *alternativement de* » l'un et de l'autre, et avoir été en butte aux accusations graves du baron de C...., que, pour les be- » soins de sa défense, il a signalé dans le débat comme un homme *sans moralité, qu'on coudoie sans* *» conserver de relations avec lui, et dont la conduite à son égard a été un outrage et une calomnie,* M⁰ La- » luyé a accepté, à la date du **7 avril 1852**, et par acte devant M⁰ Daguin, notaire, la procuration la » plus étendue du baron de C.... »

L'accusation disait : « M⁰ Laluyé est menacé de procès de toutes parts; » la sentence répond : « *Il aurait pu* compromettre sa responsabilité *pécuniaire.* » Ce qui suppose qu'elle n'est pas en effet compromise.

Mais c'est bien plus grave :

« Après avoir protesté de son mépris pour M. de C....., il a accepté d'être encore son manda- » taire. »

J'en appelle aux souvenirs de mes avocats sur ce point.

Pas un mot prononcé par moi ne peut justifier ce paragraphe.

Mais que la Chambre, appréciant **M. de C....** suivant sa méthode, ait pensé cela, il ne faut pas m'en rendre responsable.

C'est une appréciation que je lui laisse.

Il ne fallait pas souligner ce passage, *ce seul passage* dans la sentence, comme s'il en était le plus grave.

C'est égal, M. de C ... ne s'y est pas trompé.

Il sait que si j'avais à mal parler des gens, je m'abstiendrais au moins quand ils sont absents.

La procuration la plus étendue...

Quand elle serait la plus étendue !!

Mais voilà encore une de ces exagérations qui blessent la vérité.

Cette procuration s'applique spécialement et uniquement à la rentrée de trois créances, s'élevant ensemble à 3,500 fr. environ. Cette pièce passera sous les yeux de la Cour.

« Que le 23 mai suivant, ce dernier lui a adressé une lettre communiquée à la Chambre, et dans
» laquelle il le prie entre autres choses de lui faire connaître le chiffre du revenu de sa femme et l'é-
» poque à laquelle on le reçoit;

» Qu'il résulte de termes de cette lettre qu'il a repris avec lui les relations intimes qui ont existé
» avant la plainte, et qu'**il l'autorise par son attitude à le charger de missions et de**
» **détails que tout homme jaloux de sa dignité devrait s'empresser de rejeter.** »

Il l'autorise par son attitude, etc...

Qui autorise la Chambre à parler de mon attitude à l'endroit de M. de C....

Comment la connaît-elle ?

Une seule fois, elle nous a vus en présence, aux temps de la plainte, et cette attitude était si peu humble, qu'elle me valut bien à tort, j'ai trouvé, une observation de M. le syndic.

Mais il résulte d'une lettre du 23 mai....

Voici cette lettre :

Je réponds à votre lettre du 16 mai, voilà la procuration signée et en règle pour toucher les 500 francs de Pontoise.

Vous avez omis de me dire quels étaient au juste les revenus de ma femme, et les époques auxquelles on touchait les intérêts.

Il faut que vous ayez la bonté de récrire à Mme Tellier; il y a assez longtemps que cette affaire traîne, il faut en finir ainsi que de celle d'Alexandre Cortot. Avez-vous bien compris, que si M. le chevalier de Nesle exigeait son remboursement en janvier prochain, je comptais sur vous pour le remboursement, comme nous en sommes convenus lorsque j'ai donné à ma femme les 70,000 francs Verrollot.

Je vous envoie ci-joint une lettre des fermiers de Ligny. Si vous voulez, je pourrai arranger cette affaire à l'époque de la chasse. Comme ils le proposent, je compte y aller en septembre, et je crois, sauf meilleur avis, que vous aurez de la peine à leur faire entendre raison de loin sur cette affaire. »

(La dame Tellier, le sieur Cortot et les fermiers de Ligny sont des débiteurs.)

« Si M. Bethmont ne veut pas se charger de l'affaire Papon : choisissez l'avocat que vous voudrez,
» je m'en rapporte tout à fait à vous. »

Suit l'histoire de Papon et le récit de petites scènes d'intérieur.

Il termine ainsi :

Tâchez donc de savoir ce que fait A..... et ce qu'il devient. — Je crois qu'on machine encore
un tour, car vous avez été mis dedans aussi un peu entre nous.

Si vous écrivez à ma femme, faites lui un peu de morale — elle en a besoin et elle vous craint.

Pardon de tout ce long bavardage, je ne puis m'épancher qu'avec vous.

J'ai copié littéralement cette lettre et sans en rien retrancher de ce qui est relatif
à ce dont me charge M. de C....

La Cour au surplus la verra tout entière.

Je fais remarquer que cette lettre a été produite par moi, et que postérieure à
l'accusation elle n'y était pas incriminée.

Pas une observation ne m'a été adressée au cours des débats à ce sujet.

Ainsi, sur ce point j'ai été jugé sans être entendu.

Qu'est-ce donc qui dans cette lettre autorise à m'accuser de missions et de détails
qu'un homme jaloux de sa dignité doit s'empresser de repousser.

Est-ce la mission de faire de la morale à Mme de C.... qui me craint.

Une pareille mission donnée par un mari me semble à moi une mission honorable
et digne de tout homme de bien et de tout homme de cœur.

Elle prouve l'estime de celui qui la donne ; et la crainte de Mme de C.... prouverait
mieux encore, que mon attitude avec elle, comme son conseil, n'a jamais manqué de
noblesse ni de dignité. On ne craint jamais les gens qui en manquent, on les mé-
prise.....

Mais l'épaisseur des murailles, je dois le dire, n'a pas garanti ici les délibérations
de la Chambre des Avoués.

Le bruit s'en est fait au dehors.

Le syndic qui, dans son réquisitoire et abrité par ses fonctions, n'a pas craint de me
qualifier *d'espion* et *d'agent de police*, le syndic a reproduit au délibéré son accusation, et voici sur quoi il l'a fondée : « Tâchez donc de savoir ce que fait A... et
» ce qu'il devient. »

« Voyez-vous, a-t-il dit, il est l'espion du mari contre la femme, sa cliente ! »

M. A........., c'est le complice de l'adultère supposé qui avait donné lieu à la plainte dont il est question plus haut.

Ceci est de la dernière gravité, et j'appelle sur ce point l'attention des magistrats. Leur haute position les protège contre les mesquines passions.

Devant la Cour, je n'ai pas à craindre l'effet de ces misérables rivalités, qui peuvent dans une compagnie, engendrer des rancunes et des haines.

Non, je puis compter sur une justice sévère, mais sereine et majestueuse.

Eh bien! je le demande aux magistrats, n'est-ce pas là une accusation odieuse?

On a vu ce que pense de cette accusation M. de C.......... Voici l'opinion de Mme de C...

En ce qui concerne M. A..., la supposition que vous vous seriez chargé de l'espionner ou d'espionner mes rapports avec lui, ne mérite qu'une qualification : elle est odieuse. Je n'ai pas à rappeler ici tout ce qui dans cette affaire a dû, lors de notre réconciliation, s'expliquer dans votre cabinet, mais il m'est permis au moins, à moi, votre cliente, qui ai pu apprécier la noblesse de votre conduite dans toutes les phases et les détails de cette malheureuse affaire, de vous donner ici un témoignage de ma profonde estime et de vous venger, si je le puis, des suppositions que je viens de qualifier.

Et quand bien même, avec l'autorité que me donnaient, dans cette famille, ma conduite et les conseils qui avaient ramené la paix et empêché le scandale, quand même j'aurais consenti à protéger Mme de C... contre les entreprises de M. A..., est-ce qu'on pourrait m'en faire un reproche?

« Que cette lettre établit encore que Me Laluyé, *auteur des combinaisons* et *des actes* qui ont donné » lieu à l'action disciplinaire, est l'administrateur d'une fortune sortie des mains du mari par des » moyens illégaux, puisque la femme ne peut avoir d'autres revenus que ceux qui proviennent des » fonds qui ont été mis à sa disposition à l'aide des actes que l'on vient d'apprécier. »

Ainsi, voici encore que cette lettre établit que je suis l'auteur des combinaisons, etc.

C'est toujours comme pour le reçu du 28 janvier, la correspondance et les développements écrits; il faut que la Chambre ait mal lu.

Enfin, comme il faut pour me condamner avoir toujours des suppositions, la sentence en fait une dernière ici.

M. de C.... demande les revenus de sa femme; — donc, je suis l'administrateur de ses biens!

Je pourrais l'être, certes. Les principes posés au commencement de ce Mémoire, sous l'autorité de la Cour suprême et des auteurs, le prouvent; mais enfin, pour conclure de la demande de M. de C...., il faudrait au moins connaître ma réponse.

Pourquoi la Chambre des Avoués n'en parle-t-elle pas?

C'est qu'il était plus commode de raisonner et de me condamner sans m'entendre.

————————

J'en ai fini de cette affaire ; mes explications ont été longues, mais la Cour comprendra, je l'espère, l'importance que j'attache à me laver des insinuations dans lesquelles on a noyé les faits si simples de cette affaire.

J'arrive à l'affaire Borie, qui complète et termine la série d'affaires avec lesquelles on a voulu attaquer ma considération.

AFFAIRE BORIE.

C'est la dernière des affaires qui ont servi de prétexte à la poursuite dont j'ai été l'objet.

C'est celle qui a inspiré à Mᵉ Tartois, le syndic, les épithètes d'espion, d'agent de police, qu'il n'a pas craint, à l'abri des fonctions qu'il remplit, de me jeter au visage.

Dans cette affaire, je suis, on va le voir, une fois encore la victime de récriminations inspirées non par mes clients qui n'ont pour moi que des témoignages de haute estime, mais par des gens demandant à autre chose qu'au travail honnête leurs moyens d'existence.... Là, encore, j'ai eu le malheur d'être un obstacle à leurs projets de spoliation..... Là encore, M. le syndic a fulminé contre moi les foudres de son réquisitoire.

« Dans cette affaire, dit-il, les faits à l'occasion desquels la plainte est venue saisir la Chambre, sont
» des faits d'agent d'affaires....

» Qu'était, en effet, Mᵉ Laluyé, le mandataire général, l'homme d'affaires de M. Leclerc? Vous n'avez pas
» oublié que, dès le 14 avril 1848, pendant le procès pendant devant la Cour, Mᵉ Laluyé a reçu une
» procuration. *Il est probable* qu'il en est lui-même le rédacteur ; car elle exprime qu'elle a été faite sur
» modèle représenté.... En voici le texte.... »

Et M. le syndic donna lecture d'une procuration reçue par Mᵉ Plessis, notaire, qui m'instituerait mandataire de M. Leclerc, propriétaire, chevalier de la Légion-d'Honneur, etc., etc.

Cette pièce, suivant lui, embrassait toutes les affaires présentes ou futures de M. Leclerc.

« Certes, ajoutait-il, il n'est pas défendu à un avoué d'accepter une procuration, *mais l'habi-*
» *tude de rechercher et d'accepter ces sortes de procuration constitue au plus haut degré la gestion*
» *d'affaires.*

» Ce qui nous a paru le plus mériter notre attention dans cette affaire, c'est l'oubli complet du ca-
» ractère d'officier ministériel, auquel s'est laissé entraîner Mᵉ Laluyé, en s'introduisant, à la suite d'un
» huissier, dans le domicile de Mᵐᵉ de Valbert. »

Et plus loin, il trouvait que « sans y penser, Mᵉ Laluyé s'était placé sous l'applica-
» tion de l'article 184 du Code pénal. »

Cet article punit de six jours à un an de prison tout fonctionnaire administratif ou judiciaire qui viole le domicile d'un citoyen.

« Voilà pourtant, ajoute-t-il, où un excès de zèle pouvait conduire Mᵉ Laluyé. »

Heureusement qu'ici je n'étais pas poussé par l'*esprit de gain ;* cette circonstance m'avait permis au moins d'invoquer le bénéfice des circonstances atténuantes.

J'ai copié dans le réquisitoire les extraits que je transcris. J'aurais craint qu'on ne voulût pas y croire, si j'en eusse simplement fait l'analyse.

Voilà cependant jusqu'où un excès.... de zèle a pu conduire le syndic de la Chambre des Avoués !

Mais voyons les faits.

M. Leclerc, ancien officier de cavalerie, demeurant en province, était créancier de sa mère, devenue, par un deuxième mariage, épouse et veuve de M. de Valbert.

Cette dame, arrivée à un âge très avancé (84 ans), s'était laissé entourer d'une demoiselle, dont l'état civil présente, je crois, quelques lacunes. Sous l'influence de cette dernière, elle s'éloignait de plus en plus de M. Leclerc, son fils, au point qu'en 1847 il dut saisir la justice des réclamations qu'il avait à lui adresser.

Le Tribunal de la Seine condamna Mᵐᵉ de Valbert à rendre son compte, et faute par elle de satisfaire à ce jugement, elle fut condamnée à payer une somme, en principal et intérêts, de 55,000 francs environ.

Mᵐᵉ de Valbert interjeta appel, mais devant la Cour ce jugement fut confirmé. J'avais été chargé, sur cet appel, de soutenir les intérêts de M. Leclerc ; il m'écrivait. le **13** mai 1848, la lettre suivante :

J'ignore ce que j'ai à faire pour me mettre en règle vis-à-vis de ma mère, et je m'en remets tout à tait à votre zèle et activité sur ce sujet.... Je vous demande donc, Monsieur, de vouloir bien ne pas négliger les précautions, qu'ainsi que M. Lacan vous croiriez pouvoir prendre à ce sujet...

M. Leclerc avait consulté l'un de ses parents, conseiller dans une Cour de province, et il l'avait prié de me transmettre ses idées. — Il faut bien que le métier d'agent d'affaires que je faisais, suivant M. le syndic, ait été exercé par moi avec quelque mesure, car M. Leclerc croyait devoir faire précéder la lettre de M. le conseiller du billet suivant :

Un de mes parents, conseiller à la Cour de....., craignant, ainsi que moi, les difficultés.... souhaite de recevoir de vous, Monsieur, des instructions relatives au jugement et aux chances du pourvoi que pourrait tenter ma mère.

J'ai pensé que vous permettriez qu'il vous adressât directement des questions qu'il posera plus clairement que moi, et que vous auriez l'obligeance de lui répondre aussi directement.

La lettre de M. le Conseiller se terminait ainsi :

N'est-il pas nécessaire, non seulement à cause de la situation actuelle des affaires politiques et commerciales, mais encore pour éviter les nombreux inconvénients qui peuvent résulter de la position particulière, où son grand âge et son entourage placent Mme de Valbert, que M. Leclerc ne mette aucun retard à faire exécuter l'arrêt et à faire payer.

Je répondis à ce magistrat :

Quant à la question d'exécution, elle est plus grave et plus difficile; il faut, je le pense avec Me Lacan, essayer d'obtenir cela amiablement de Mme de Valbert. J'ai fait des ouvertures à son avoué dans ce sens, et ce n'est guère qu'après leur résultat qu'il pourra y avoir un parti définitif à prendre....

Plus tard, le 20 juin 1848, M. Leclerc m'écrivait, et, parlant d'un projet de saisie chez Mme de Valbert, il me disait :

Il me semble que la possession du mobilier de ma mère serait un fait important ; elle ne pourrait plus ni vendre, ni se mettre en maison garnie.

Toutes les tentatives d'arrangement n'amenèrent aucun résultat, et mon client impatienté aurait peut-être pris le parti de faire faire une saisie au domicile de sa mère, ce projet n'eut pas mon assentiment.

J'exprimais à mon client les raisons que j'avais de ne pas conseiller une saisie. Et on attendit.

Mais comme il fallait cependant arriver au paiement, des oppositions furent prati-

quées entre les mains d'acquéreurs d'immeubles que Mme de Valbert, à l'insti-
gation de la D^{lle} B..., venait d'aliéner, dans le but de dénaturer sa fortune. Le
tiers saisi fit une déclaration affirmative, qui révéla l'existence d'une autre opposition
formée par la D^{lle} B.... elle-même. Or, on savait l'origine de la D^{lle} B...., fille
naturelle d'une femme morte sans aucune fortune; elle n'avait jamais rien possédé ;
comment avait-elle pu devenir créancière de Mme de Valbert d'une somme de
16,000 francs.

C'était évidemment là une fraude pour frustrer les droits de M. Leclerc.

« M. Leclerc, ou plutôt Me Laluyé, dit le réquisitoire, eut la pensée d'intervenir
pour faire déclarer nulles les créances de la D^{lle} B.... ». Le réquisitoire n'en savait
rien; mais, au moins cette fois, il avait supposé juste.

En effet, je conseillai avec Me Lacan, avocat de M. Leclerc, une intervention dans
l'instance en validité, afin de faire déclarer les titres de la D^{lle} B.... nuls et simulés.

Mais en même temps, mon client, M. Leclerc, était préoccupé, non seulement de sa
créance, mais encore de l'état mental et matériel dans lequel sa mère pouvait se
trouver. A voir la conduite de la fille B..., il ne doutait pas que les vues de celle-ci
ne fussent de consommer le plus vite possible, la spoliation qu'elle entreprenait.

Il m'écrivit et me fit écrire dans ce sens, et de plus, je reçus en ce temps la visite
de M. de Surval, un autre parent de M. Leclerc, à l'effet de me presser de prendre les
mesures nécessaires.

Dans une de ses lettres, du 1er juin 1849 (plus d'un an après l'arrêt), M. Leclerc
me dit :

« Vous avez bien voulu promettre à M. de Surval de vous occuper activement de nous, vous lui avez
» parlé d'aller vous-même chez Mme Valbert. Nous attacherions une grande importance à cette démar-
» che, qui nous éclairerait peut-être sur la part que Mme de Valbert prend à ses affaires et apprendrait
» sur quel pied est Mlle B.... dans la maison. »

En effet, j'avais engagé M. de Surval, qui connaissait Mme de Valbert, à aller la
voir, à tâcher de la ramener à de meilleurs sentiments envers son fils, mais il n'a-
vait pas été reçu; c'est du reste ce qui arrivait à toutes les personnes qui se présen-
taient. La D^{lle} B.... avait établi un cordon de sûreté. — Celui de mes confrères qui
avait occupé pour Mme de Valbert eut le même sort que M. de Surval; il ne put être
reçu; c'est de lui que je tiens le renseignement.

Il n'était pas possible cependant de rester plus longtemps dans une pareille situation, le soin de ses intérêts, comme chef de famille,—M. Leclerc a des enfants,—ses devoirs de fils, lui imposaient l'obligation de savoir ce qui se passait dans cet intérieur.

Je pensai qu'il fallait enfin recourir à la saisie, seul moyen de pouvoir pénétrer chez Mᵐᵉ de Valbert.

On comprend, par ce qui vient d'être dit, que cette saisie avait beaucoup plus pour but de savoir ce qu'il en était de l'état de santé, de l'état mental ou de l'état de bien-être où se trouvait Mᵐᵉ de Valbert, que de faire vendre ses meubles.

C'était, suivant la Chambre, une ruse ou un subterfuge indigne du caractère de l'avoué ; je répondrai, en son lieu, à cette appréciation.

Je continue mon récit.

Il fallait donc apporter dans l'exécution de cette procédure une très grande mesure, car Mᵐᵉ de Valbert pouvait se blesser de cette démarche, prêter, par suite, une oreille plus complaisante aux suggestions de la Dᵉˡˡᵉ B.... : aussi je recommandai bien à l'huissier de ne rien dire ni faire qui ne fût entouré des plus grands égards pour la personne de Mᵐᵉ de Valbert. et comme on prévoyait quelque résistance, l'huissier se fit accompagner d'un commissaire de police. et tant pour veiller moi-même à ce qu'il ne soit rien fait au-delà du nécessaire. et me rendre exactement compte de l'état des choses, que pour le cas où un référé serait devenu nécessaire, j'accompagnai ces Messieurs, et c'est mon crime aux yeux de la Chambre des Avoués.

Il n'y eut aucune résistance. tout se borna aux difficultés d'arriver jusqu'à Mᵐᵉ de Valbert, reléguée dans un misérable réduit dont il fallut obtenir la clef de la servante de la Dᵉˡˡᵉ B....

Il n'y avait rien chez Mᵐᵉ de Valbert. qui était tenue dans un état misérable, dans ses meubles et sur sa personne.

Toutefois, le procès sur la nullité de l'obligation suivait son cours, mais il n'allait pas au gré des impatiences de M. Leclerc.—On voulait agir plus résolument contre les menées captieuses de la fille B..., je dus modérer cette ardeur. Le 30 novembre, répondant à une lettre de M. Leclerc, je lui disais : «Tout autre procès contre elle « me paraît impossible et sans aucune chance de succès, et cela, par une foule de rai- « sons trop longues à déduire ici, et dont une seule vous fera sentir l'importance : à « quel titre et en vertu de quel droit pourriez-vous agir ? — Mᵐᵉ de Valbert étant « supposée jouir de ses facultés, puisque vous ne la faites pas interdire, à elle seule

» appartient le droit de se plaindre de la spoliation de sa fortune et de tout autre acte.
» —La qualité de créancier vous donne le droit de discuter les créances et donations
» frauduleuses de vos droits, mais, c'est là tout...; à moins d'inconvénients trop sé-
» rieux, vous feriez bien de venir passer l'hiver à **Paris**, afin d'y suivre personnelle-
» ment les mesures que les circonstances pourront conseiller dans votre intérêt. »

Est-ce cela que la Chambre appelle l'habitude de rechercher des procurations; mais
je reviendrai tout à l'heure à la procuration, on verra si elle existe et si je l'ai
sollicitée.

Mme Leclerc, par suite de l'empêchement de son mari, vint en effet à Paris, et suivit
alors toutes les phases de l'affaire.

Un interrogatoire sur faits et articles avait été ordonné, mais Mme de Valbert, tenue sous clef, par Mlle B..., ne se présenta pas..... Me Lacan, avocat de M. Leclerc,
m'écrivit pour me demander de lui rappeler l'état dans lequel cette pauvre dame
avait été trouvée, lors de la tentative de saisie.

Je lui répondis la lettre à laquelle la Chambre fait allusion. Cette lettre, n'étant
nullement incriminée, quant à ses termes, je ne la transcris pas ici.

La D^lle B... perdit son procès, on déclara son obligation frauduleuse.—Elle interjeta
appel, mais le jugement fut confirmé presque sans entendre Me Lacan, avocat de
M. Leclerc.

Dans les débats, il fut question de ma lettre.—A la Cour, elle fut lue par l'avocat
de Mlle B..., qui certes ne me critiqua point et n'en parla que dans les termes les plus
obligeants pour moi; aucun des magistrats, que je sache, n'exprima de blâme sur
ma conduite.

Mais les choses avançaient, M. et Mme Leclerc étaient à Paris. M. Leclerc, un jour,
malgré la résistance des agents de la fille B..., arriva jusqu'à sa mère. A la vue de
son fils, il se fit comme une réaction douloureuse dans le cœur de cette vieille
femme. — Elle se jeta dans ses bras, mais la raison n'y était plus, et bientôt elle demanda Hélina.—C'est le petit nom de la D^lle B ..—M. Leclerc, à peine sorti, la D^lle B...,
renouvelant une scène empruntée à l'ancien répertoire, conduisit Mme de Valbert au
parquet de M. le procureur de la République, elle la fit porter à dos d'homme dans le
cabinet de ce magistrat. Là, la pauvre femme, à qui on avait fait la leçon, prétendit
réclamer la protection des magistrats contre son fils !...

C'était pousser trop loin l'audace... une plainte fut portée, et la D^lle B.... fut
arrêtée en compagnie d'une autre demoiselle avec qui elle fut trouvée couchée....

Une instruction eut lieu par suite de laquelle la fille B.... fut condamnée à un an
de prison.

En appel, elle fut plus heureuse, la Cour l'a acquittée, par le motif qu'il n'était
pas suffisamment établi, que les détournements reprochés aient été commis à l'insu
et contre la volonté de la dame de Valbert.

Pendant ce temps, néanmoins, M. Leclerc avait repris sa mère et il n'avait eu
besoin que de la demander pour obtenir son interdiction. Ses facultés étaient telle-
ment affaiblies qu'elle prétendit n'habiter Paris que depuis six semaines, — elle
avait alors quatre-vingt-six ans.

Le procès correctionnel avait révélé une grande partie des fraudes organisées par
la fille B.... et M. Leclerc put frapper des oppositions sur des sommes et valeurs
considérables distraites de la fortune de sa mère —cette fortune en effet, qui avait été
de 200,000 francs, avait entièrement disparu. — Mme de Valbert fut trouvée en possession de 5 francs, et il a été établi qu'on consacrait 30 centimes pour sa nourriture
par jour.

D'accord avec Me Lacan, avocat, nous conseillâmes de revendiquer au nom de
Mme de Valbert toutes les valeurs saisies sur la D^{lle} B.... et sa complice, de la
propriété desquelles elles ne pouvaient pas justifier. C'est alors qu'elle eut l'idée,
suggérée par je ne sais qui, de porter plainte contre moi.

Cette vertueuse fille trouvait que ma conduite compromettait la dignité de ma
profession!!!

Le réquisitoire partagea cette opinion, on y soutient malgré les faits établis que
la fille B.... avait le même appartement que Mme de Valbert.

Ce réquisitoire même, indépendamment des extraits que j'en ai faits, contenait le
passage suivant, qui indique à quel point Me Tartois, le syndic, était pénétré des
griefs de la demoiselle B...; il disait : « Indépendamment de ces raisons de
» droit, n'y avait-il pas de *hautes convenances* qui défendaient à Me Laluyé de faire
» la démarche qui lui est reprochée. » — Quelles étaient ces hautes convenances?
aux yeux de M. le syndic. — « Il était l'adversaire de Mlle B..., il avait besoin
» d'armes pour la combattre, *était-il loyal* de s'introduire *subrepticement* chez elle
» pour les chercher. »

Certes, voilà qui est parlé d'or. Mais le Tribunal a statué depuis sur le procès
entamé, et il a flétri de nouveau la fille B.... et sa complice en déclarant propriété
de Mme de Valbert toutes les valeurs saisies sur elles.

Ce jugement est trop long pour le rapporter ici, mais il passera sous les yeux de la Cour.

Ne croit-on pas rêver, en voyant ma conduite incriminée dans cette affaire? Mes clients n'y pouvaient croire.

Ainsi l'avoué des gens honnêtes, du fils dévoué, est coupable pour avoir dirigé ses clients et dévoilé la fraude de la D^lle B.... et de sa complice. Et dire que cette culpabilité qui est apparue à la Chambre des Avoués, était passée inaperçue devant les magistrats.

Dans l'instruction correctionnelle, j'ai été cité comme témoin, — je ne savais rien que ce que j'avais vu lors du procès-verbal de saisie. — J'ai expliqué aux magistrats ma visite en cette occasion chez Mme de Valbert, et non seulement pas un blâme, ni direct ni indirect, n'est venu m'atteindre, mais le magistrat qui présidait l'audience, et celui qui occupait le siége du ministère public ont bien voulu rendre un hommage public à la loyauté de ma déposition.

C'est égal, la Chambre a décidé que, dans cette affaire, j'ai fait abnégation de ma dignité, et agi contrairement à la loi.

Voyons donc ses motifs :

En ce qui concerne le dernier chef d'inculpation relatif à l'affaire B ...

« Considérant que si l'avoué doit consacrer à la défense d'un intérêt légitime, tout le zèle et » l'aptitude que la loi attend de lui; il ne doit pas devenir un *instrument propre* à créer, en dehors » des éléments du procès, des moyens d'attaque ou de défense quel qu'en puisse être le résultat. »

D'après cette théorie, l'avoué ne pourrait jamais rien conseiller, ni une constatation, ni une vérification, ni une expérience, ni même l'émission de l'opinion d'un homme de science et spécial sur un fait donné, pouvant servir de base à un raisonnement nécessaire dans un procès.

C'est toujours la même théorie : l'avoué ne peut que signer les actes de son ministère....

Cela n'est pas susceptible d'une nouvelle réfutation.

Relevons cependant les mots : « un instrument propre. » Ou ils sont une injure, ou ils ne signifient rien dans l'espèce ; car de quoi ai-je été l'instrument? De la saisie? Lisez le procès-verbal, mon nom n'y est pas même prononcé.

« Qu'en fait, Me Laluyé, par des habitudes qui lui *sont trop familières*, était devenu le mandataire, en

» même temps que l'avoué du sieur Leclerc, que ce dernier avait obtenu une condamnation contre sa
» mère, veuve en secondes noces du sieur de Valbert; que dans un procès devant le Tribunal de pre-
» mière instance, en nullité d'une obligation souscrite, par la dame de Valbert, au profit d'une demoi-
» selle B...., la défense paraissait exiger des renseignements sur la position de la dame de Valbert, et
» l'état de dépendance et de séquestration dans lequel on accusait la demoiselle B..... de la tenir. »

Par des habitudes qui lui sont trop familières.

J'avoue que j'ai besoin de tout mon sangfroid pour discuter cette insinuation : *comment, trop familières.*

En fait, la procuration invoquée par M. le syndic, qu'il n'a pas craint de lire à la
Chambre, est une *pièce supposée.* Je défie qu'on en produise une expédition ou
brevet.

Mais voici une autre preuve : j'ai écrit au notaire qui est censé l'avoir reçue. Sa
réponse constate que cette procuration n'a jamais existé ; il a fait, dit-il, une seule
procuration en brevet avec le nom du mandataire en blanc !!!

Mais la fille B.... avait remis une copie à M. le syndic. — Des mains aussi pures
pouvaient-elles être suspectées ? il a dit : Voici la procuration.

Quant à la procuration encore en blanc, son histoire se trouve dans le paragraphe
suivant d'une lettre dont M. Leclerc a retourné l'original timbré de la poste.

Mᵉ Lacan m'a chargé, Monsieur, de vous adresser un modèle de procuration à donner par vous
pour l'éventualité du décès de madame votre mère, je vous l'adresse ci-jointe, il est fait pour le but
dont je vous parle, mais il était impossible de ne pas dissimuler un peu la prévision à laquelle il s'applique.

Mᵐᵉ de Valbert n'est pas morte, la procuration n'a point été nécessaire ; elle est
restée en blanc !!!

A-t-elle été sollicitée cette procuration , *suivant des habitudes trop familières ?*

Et que la Cour le sache bien, tous ces faits ont été établis devant la Chambre des
Avoués. Mᵉ Lacan, qui m'assistait, y a même ajouté des explications sur la demande
qui lui fut adressée à cet égard par M. Leclerc

« Que Mᵉ Laluyé, comme mandataire de son client, a fait pratiquer , par un huissier de son choix,
» une saisie chez la dame de Valbert qui habitait le *même appartement que la demoiselle B....*; qu'il n'a
» pas craint d'assister sans aucun caractère à l'opération de saisie, et qu'il a donné à l'avocat, en forme
» de lettre, un compte-rendu détaillé de ce qu'il avait observé, et des impressions qu'il avait reçues, de

» l'inspection des lieux ; que ce récit avait pour but de donner plus de crédit au système d'argumen-
» tation employé contre l'adversaire du sieur Leclerc. »

On a vu, par les extraits rapportés ci-dessus de la correspondance de M. Leclerc, dans quel but cette saisie était pratiquée. — Il n'y était nullement question du procès avec la demoiselle B..... — C'est qu'en effet, qu'est-ce que cette saisie chez Mme de Valbert pouvait prouver à cet égard ? — Toute l'argumentation de M. Leclerc était de dire à la fille B....: Vous ne pouviez faire ce prêt.... Mme de Valbert n'en avait pas besoin. — Le procès-verbal constatait, au contraire, le dénuement de Mme de Valbert.

Comment la Chambre peut-elle dire que la fille B.... habitait le même appartement que la dame de Valbert ? Mais la fille B.... n'a jamais elle-même prétendu cela. Cela n'est pas, le procès-verbal le prouve. La fille B.... habitait le rez-de-chaussée de l'aile droite de la maison , Mme de Valbert était reléguée à l'entresol de l'aile gauche.

Quant à la supposition que ma lettre à Me Lacan avait pour but de donner plus de crédit au système d'argumentation qu'il devait employer, elle est repoussée par la lettre de Me Lacan. — Cela ne fut entre nous l'objet d'aucune conversation. Il m'écrivit ; je lui répondis sans me soucier de l'usage qu'il ferait de ma lettre.

Il est des avocats au Palais, et Me Lacan est du nombre, à qui je donnerais tous les jours un blanc-seing , car je serais toujours prêt à régler ma conduite sur leurs conseils.

« Considérant que Me Laluyé, *en faisant abnégation* de sa dignité, agissait contrairement aux pres-
» criptions de la loi qui interdit la présence du saisissant aux opérations de saisie; que le mandataire,
» pas plus que le saisissant, ne peut, dans l'esprit bien entendu de la loi, assister à ces opérations ; que
» le Code de procédure a soigneusement déterminé le nombre et le caractère des personnes qui doivent
» concourir à cet acte d'exécution. »

La Chambre est surtout pour les restrictions, elle en invente, elle les étend : c'est de la fantaisie et non du droit.

D'ailleurs mandataire, — c'est une erreur, je n'ai jamais eu cette qualité; on l'a vu. — Quant à l'avoué, je nie qu'il lui soit défendu d'assister à une saisie.

Je suppose, par exemple, le cas d'une difficulté prévue , la partie qu'on veut saisir aura requis la présence de son avoué pour faire un dire d'opposition, le saisissant ne pourra pas, lui, user de la même faculté, faire assister son huissier de la présence et des lumières de son avoué — cela n'est pas soutenable.

« Que M⁰ Laluyé devait d'autant plus s'abstenir qu'il s'agissait d'un acte rigoureux de la part
» d'un fils contre sa mère; qu'il est vrai que pour atténuer ses torts, il allègue que le procès-verbal
» n'était pas fait pour parvenir à une exécution, mais qu'il n'était qu'un prétexte pour pénétrer
» dans le domicile de Mᵐᵉ de Valbert et le mettre à même d'apprécier la situation de cette dernière;

» Qu'un pareil expédient est loin d'excuser la conduite de Mᵉ Laluyé, qu'il serait au contraire de
» nature à aggraver ses torts, - que les ruses et les subterfuges de cette nature répugnent au caractère
» de l'avoué qui doit loyalement et dignement représenter les parties devant la justice, et s'abstenir
» de toutes démarches personnelles et de tout concours à des actes qui sont incompatibles avec son
» ministère. »

La Chambre trouve que ma présence chez Mᵐᵉ de Valbert était coupable, parce
qu'il s'agissait d'un acte rigoureux; — si la saisie n'était pas sérieuse, elle y voit une
aggravation de torts.

Je ne la suivrai pas dans cette manière de raisonner.

J'ai rapporté les faits et les pièces, on sait pendant combien de temps j'ai refusé
de faire procéder à cet acte parfaitement légal, on sait de quelles précautions elle
fut entourée, dans quel but honorable j'agissais.

Mais une question : qui donc s'est plaint de cette démarche? Mᵐᵉ de Valbert !
jamais. — Non, c'est la fille B...., la vertueuse fille B.. ., en 1852, trois ans après,
alors qu'elle allait enfin recevoir du Tribunal le châtiment de ses méfaits, et rendre
compte de ses spoliations! ! !

De quel droit? — est-elle tutrice de Mᵐᵉ de Valbert ?

« Que Mᵉ Laluyé s'exposait à des rixes que la loi a voulu éviter en chargeant exclusivement l'huissier
» et deux témoins, des actes d'exécution. »

Je m'exposais, dit la Chambre, à des rixes. Mais lesquelles? Le magistrat de police
était là, et qui dit à la Chambre que je les aurais affrontées ces rixes, et qu'en cas de
la plus simple observation sur ma présence, je ne me serais pas immédiatement
retiré.

On n'oublie pas qu'à cette époque, Mᵐᵉ Valbert avait quatre-vingt-cinq ans.

« Que si on avait la pensée que la dame de Valbert était en état de séquestration, il fallait recourir
» aux moyens que donne la loi de le faire constater. »

Ceci rapproché du réquisitoire qui conseillait une plainte en séquestration contre
la Dˡˡᵉ B.... est une consultation que donne la Chambre des Avoués. — Je me permet-
trai une question : était-elle, ou si c'était moi, conseil de M. Leclerc ?

Moi, j'ai pensé que cette plainte avait des dangers avant qu'on ne fût bien renseigné, et bien sûr de la séquestration.

En effet, il y a dans le Code, certain article qui punit les dénonciations calomnieuses. Je ne voulais pas y exposer mon client.

« Qu'il y a, sous un autre point de vue, inconvenance et danger à se charger d'une pareille mission.

» Que l'avoué, qui doit toujours être digne de la confiance des magistrats, pourrait, par des affirma-
» tions personnelles, faire pencher la balance de la justice, en faveur de la cause qu'il est chargé de
» défendre, et que l'intérêt du client avec lequel il s'identifie peut ne pas permettre à sa raison de rester
» dans les limites d'une appréciation impartiale.

» Que si, d'un autre côté, ses assertions, faites d'ailleurs avec bonne foi, mais sous l'impression d'un
» sentiment de zèle qui ne serait pas assez réfléchi, étaient attaquées et convaincues d'inexactitude, alors
» il serait exposé aux critiques les plus graves, et perdrait l'estime et la confiance dont il doit être
» toujours entouré. »

Ces réflexions sont justes, mais elles ne sont ici que des généralités.—Où sont mes affirmations personnelles?

Nulle part, on l'a vu.

Cité en justice, j'y ai mis une telle réserve, que le Tribunal m'en a adressé de bienveillantes et publiques félicitations.

Quelles plaintes ai-je donc provoquées! celles de la fille B..., je puis m'en consoler, car je suis sûr, et l'instruction correctionnelle le prouve, je suis sûr qu'elle confond dans ses malédictions, et mon nom et ceux des magistrats qui l'ont condamnée.

J'éprouve quelque fierté, je l'avoue, d'être maudit en si bonne compagnie.

« Que si les juridictions ont été nettement séparées et limitées, il doit en être de même pour les of-
» ficiers ministériels qui doivent toujours se tenir dans les règles et les limites de leur institution,
» qu'en s'en écartant comme le fait Me Laluyé, ils donnent lieu à des difficultés, à des plaintes et à des
» procès qu'ils doivent s'efforcer d'aplanir ou d'éviter. »

Et quant aux procès que je dois m'efforcer d'aplanir ou d'éviter, j'avoue que je ne comprends pas à quoi cela s'applique dans cette affaire, à moins qu'on ne veuille dire, qu'il eût mieux valu laisser la fille B....., jouir en paix du fruit de sa spoliation; cela

9.

ne saurait être de l'avis de la Chambre, et en tous cas, ce n'est pas celui des magistrats, qui ont condamné la fille B...

Voilà, Messieurs, l'ensemble des faits dont l'appréciation établit pour la Chambre, que j'ai contrevenu d'une manière grave aux devoirs de ma profession, méconnu ma dignité professionnelle et personnelle, et pu compromettre ma responsabilité pécuniaire.

J'ai prouvé, je l'espère, que cette appréciation péchait par sa base et dans son essence.

J'ai réfuté en droit les principes supposés par la Chambre, je leur ai opposé la doctrine des auteurs, la jurisprudence de la Cour suprême; celle de la Cour de Paris.

En fait, j'ai démontré l'erreur de toutes les circonstances ou suppositions qui ont trouvé place dans les considérants de la sentence attaquée.

Il ne me reste donc qu'à attendre avec confiance la sentence de la Cour.

LALUYÉ, AVOUÉ.

Paris. — Imp, de Madame de Lacombe, rue d'Enghien, 14.